초등 아동을 위한

책놀이

동화가있는집

창지사

일/러/두/기

· 이 책에 실린 내용은 동화가있는집 및 저자의 창작물로서, 동화가있는집이 주최하고 주관하는 책놀이 특강(분기별 신수업안 발표회) 및 공공프로젝트를 통해 현장적용과 평가를 거친 프로그램입니다.

· 이 책은 초등책놀이지도사(민간자격등록번호 2018-005340) 자격과정 교재이며, 이 책에 실린 내용은 동화가있는집 및 저자의 허락 없이 타 자격과정에서 사용할 수 없습니다.

· 활동에 소개된 교구 및 그림자료는 (사)한국책놀이지도사협회 본회 및 지회가 진행하는 워크숍을 통해 구할 수 있습니다.
(문의: ☎ 02-2632-1582 / www.bookplays.com 자유게시판)

머리말

최초의 책놀이 전문서적, 『스토리텔링과 책놀이』(2012)를 펴낸 지 10년이 흘렀다.

2007년 '동화가있는집' 연구소 개소 이래 2008년부터 책놀이지도사가 배출되기 시작했지만, 당시만 해도 어디를 가나 "책놀이가 뭐예요?"라는 질문이 많았었다. 그에 대한 답으로 나온 것이 『스토리텔링과 책놀이』다. 그 후 새로운 현장 수업들로 구성된 『스토리텔링과 책놀이 2』(2017)가 세상에 나왔다. 이 두 책은 지금도 책놀이의 이론부터 영아, 유아, 초등 현장을 아우르는 책놀이 길라잡이로 학부모와 교사, 사서의 사랑을 받고 있다.

이번 책은 초등아동 현장에 초점을 맞추었다.

2022년 벽두부터 초등교육과 관련해 눈길을 끄는 이슈를 살펴보면 먼저, '돌봄교실의 확대'를 들 수 있다. 맞벌이 가정뿐만 아니라 갈수록 늘어나는 방과후학교와 돌봄교실에 대한 사회적 수요를 공교육이 좀 더 적극적으로 수용한 것으로 볼 수 있다. 다른 하나는 교육과정의 개정이다. 2022년 개정 교육과정이 추구하는 인간상은 '포용성과 창의성을 갖춘 주도적인 사람'인데 이를 가장 잘 녹여낼 수 있는 게 놀이이다. 마지막으로 갈수록 심각해지고 있는 '문해력 격차'에 주목할 필요가 있다. 가뜩이나 편차가 심했던 학급 내 문해 수준 문제는 코로나 사태로 인한 교육 공백이 길어지면서 눈덩이처럼 커져 초등교실을 힘들게 하고 있다.

이상의 이슈를 접하면서 우리는 '책놀이'에서 답을 찾는다.

좋은 책을 읽고 참신하고 재미있는 놀이를 펼친다면 돌봄교실이 좀 더 풍성해질 것이고, 책을 매개로 하는 '책놀이' 프로그램은 문해의 촉매제로 안성맞춤이다. 무엇보다 '따로, 또 같이' 하는 다양한 유형의 책놀이는 아이들의 포용성과 창의성, 주도성을 격려할 것이다.

이 책에는 연 4회에 걸쳐 동화가있는집과 (사)한국책놀이지도사협회가 개최해 온 책놀이 특강(분기별 신수업안 발표회)과 '책읽어주는 문화봉사단', '한 학기 한 권 읽기' 등 공공프로젝트에서 발표한 수업안이 담겨 있다. 또한, 이 책은 초등책놀이지도사(민간등록번호 2018-005340) 자격증과정 교재로 『스토리텔링과 책놀이2』에 실렸던 내용도 일부 실었다.

이 책은 여러 사람의 수고가 모여서 완성되었다. 제1부 이론 파트는 소장이 썼고 2부 실제편은 여러 사람의 아이디어가 모였다. 『건물들이 휴가를 갔어요』 이춘희, 이송은, 『고구마구마』 박혜경, 『구슬이 데구루루』 이춘희, 『단물고개』 이송은, 김은주, 『달 샤베트』 김선아, 『도둑을 잡아라!』 이종여, 신일순, 『동강의 아이들』 강혜영, 『딩동거미』 한지선, 『똑똑해지는 약』 & 『레모네이드가 좋아요』 이영주, 『똥방패』 김진현, 『북극곰이 녹아요』 이영주, 『빠작이의 변신』 이송은, 『새 친구가 이사 왔어요』 이송은, 최수진, 『색깔 손님』 이춘희, 『신기한 씨앗 가게』 이영주, 『우리는 친구』 신일순, 동화가있는집 팀, 『으라차차 큰 일꾼』 한주미, 『점』 이송은, 『차다 차다 차다』 이송은, 이영주, 『콧구멍만 바쁘다』 전진영(달님그림책연구소장), 『털보 아저씨의 행복 우산』 이송은, 이하나, 『길로 길로 가다가』 김소연, 『돌부처와 비단장수』 이송은, 『마법의 나무 보자비』 이은영, 『민들레는 민들레』 권옥, 신일순, 『온 세상 국기가 펄럭펄럭』 이송은, 『내 마음 ㅅㅅㅎ』 신은하, 이윤혜, 『사소한 소원만 들어주는 두꺼비』 강정원, 『궁금쟁이 김 선비 우리 전통 과학에 쏙 빠졌네!』 이은영, 신일순, 『나쁜 어린이 표』 김진현, 신일순, 나머지 수업안은 동화가있는집 팀이 협력하여 만들었다.

그리고 특별히 전편에 걸쳐 자문해 주신 유효정 교사께 깊이 감사드린다. 바쁜 일정 가운데서도 현직 교사의 시각에서 아동발달을 짚어주고 수업안에 대해 피드백해 주신 덕분에 초등 현장과의 연계가 좀 더 부드러워졌다.

마지막으로 책 선정부터 자료 수집, 원고 마무리까지 함께 해 준 동화가있는집 책놀이팀에 감사를 표한다. 현장의 수요와 강사로서 의견을 제시해 준 이영주, 김진현 연구원, 자료를 조사하고 문장 하나하나를 검토하며 참여해 준 이하나 연구원, 오랜 기간 자료를 정리하고 열정을 갖고 마무리한 이춘희 연구원의 헌신이 없었더라면 이 책을 완성하기 어려웠을 것이다.

십 년이면 강산도 변한다고 했다.

'책놀이'라는 말이 우리 주변에서 익숙해진 건 사실이지만 '제대로 된 책놀이가 펼쳐지고 있는가?'에 대한 고민은 오히려 더 커졌다.

부디 이 책이 코로나 상황에서 잔뜩 움츠러든 아이들에게는 책 읽기와 책놀이의 즐거움을 일깨우고, 초등 책놀이지도사를 꿈꾸는 분들께는 든든한 동반자가 되길 기원한다.

2022년 꽃피는 3월에
동화가있는집 소장
이송은

제 2 부 초등 아동을 위한 책놀이 실제 · 37

제 1 부

초등 아동을 위한 책놀이 이론

1 책놀이의 이해

1. 들어가며 : 왜 책놀이인가?

어른들은 종종 아이들에게 "놀지 말고 공부해라!"라고 말한다. 하지만, 이 말은 중요한 두 가지를 간과하고 있다. 먼저 아이들에게는 '놀이가 곧 공부'라는 점과 어른들이 흔히 강조하는 '공부' 중에는 미래에는 쓸모가 없어질 것들이 많다는 것이다. 단순 연산이나 암기, 맹목적인 독서, 강박에 가까운 외국어와의 씨름 등은 이미 디지털 기기나 AI(Artificial Intelligence, 인공지능)가 대신하고 있고, 게다가 그런 공부들은 대부분 '재미'가 없다.

부모나 교사들의 교육적 고민은 여기서부터 출발한다. 이미 도래한 4차 산업혁명 시대에서 '무엇을, 어떻게, 왜 가르쳐야 하는가?' 스마트폰에 간단한 앱만 설치해도 해결할 수 있는 그런 단순한 지식이나 기능의 습득이 아니라 아이들의 현재와 미래의 삶에 도움이 되는 내용으로, 아이들이 능동적으로 흥미롭게 참여할 수 있는 방법으로 해야 할 것이다. 평균수명 100년 이상을 살게 될 우리 아이들에게는 삶을 주도적으로 이끌어가는 사람으로 성장할 수 있는 교육이 필요하기 때문이다.

개정된 2022년 교육과정을 살펴보면, 추구하는 인간상은 크게 세 가지 핵심가치를 반영한다.

- 자기 주도성 (주체성, 책임감, 적극적 태도)
- 창의와 혁신 (문제 해결, 융합적 사고, 도전)
- 포용성과 시민성 (배려, 소통, 협력, 공감, 공동체 의식)

'포용성과 창의성을 갖춘 주도적인 사람'을 기르는 교육은 책놀이의 철학 및 방법론과 맞닿아 있다. 아이들이 흥미를 갖고 능동적으로 참여하며, 책을 소재로 한 놀이 속에서 자신의 생각을 다양한 방법으로 표현하고, 또래와의 놀이 경험을 통해 사고를 확장하고 성장해 가기 때문이다.

2. 책놀이의 이해

1) 책놀이의 개념

책놀이는 그림책을 활용한 문학활동으로, 책을 재미있게 읽고 책을 소재로 참신하고 창의적인 놀이 활동을 하는 것을 말한다(이송은, 2012; 이송은 외, 2017).

• 읽어주는 사람의 관점에서 책을 '재미있게' 읽는다는 것은, 작품에 따라, 대상 청중에 따라, 활동목적에 따라, 읽기 유형을 적절히 선택하고, 책의 특성을 살려서 스토리텔링 과정에 녹여내는 것을 뜻한다.

아동 독자의 관점에서 '재미있게' 읽는다는 것은 책의 내용을 몰입해서 읽고 이해하는 것을 뜻한다. 이 과정에는 '해독(解讀, decoding)'과 '이해(comprehension)'가 필요하며 이것이 문해 능력이다. 듣는 독서의 경우, 화자의 스토리텔링을 얼마나 주의 깊게 듣고 이해했는가가 중요하다.

• 책을 소재로 '창의적인' 놀이 활동을 한다는 것에는 여러 가지 의미가 내포돼 있다. 책 내용으로 '뻔하지 않은', 참신하면서도 흥미로운 활동을 연계한다는 의미도 있지만, 책 자체를 외형적 특성을 지닌 사물(예 책으로 집짓기 · 마을 만들기에서의 재료)로 보기 등 '책'이 무엇인지에 대한 정의를 새롭게 하고, 전통적인 독후활동 유형을 넘어서 다양한 시도를 함을 뜻한다.

2) 책놀이의 등장과 형성 과정, 전문분야로의 성장

'책놀이'라는 어휘가 등장한 것은 2000년대 이후로 그림책의 대중화, 북 스타트 운동, '책'과 '놀이'를 연계한 행사의 증가 등이 배경요인이 되었다(이송은, 2012). 즉 90년대 중반 이후, 단행본 그림책이 본격적으로 보급됨에 따라 말이나 글로 감상하는 동화책 시대에서, 글뿐만 아니라 그림도 읽는 그림책 시대로 아동도서 환경이 변화하고(이송은 외, 2016), 영아들에게도 책을 읽어주자는 운동과 '책과 더불어 놀자'라는 움직임이 일면서 자연스레 생겨난 것이 '책놀이'라는 분야이다. 도서 형태가 다양해지고 독자층이 폭넓어짐에 따라 필연적으로 다각적인 읽기 방법과 새로운 문학활동 방법이 요구되었기 때문이다.

공공분야에서 책놀이의 이론과 실제가 본격적으로 선보이기 시작한 것은, 2009년 국립어린이청소년도서관에서 발간한 『어린이담당사서를 위한 스토리텔링 운영 매뉴얼』부터로 볼 수 있다. 당시 동화가있는집에서 원고 집필과 수업 진행을 맡아, 최초로 '읽기 유형 분류' 및 '반응중심 문학활동'이라는 이론과 그 이론에 근거한 책놀이 실제를 소개하였다. 영아, 유아, 초등아동, 다문화 등 네 파트에 걸쳐 다양한 읽기 방법과 활동방법이 책자와 DVD에 담겨 전국 공공도서관에 배부되었으며, 이어서 2011년에는 새로운 내용의 『어린이담당사서를 위한 스토리텔링 운영 매뉴얼 Ⅱ』가 발간, 배부되었다.[1)]

성인을 대상으로 한 책놀이지도사가 배출되기 시작한 것은 2008년부터이며, 2013년부터 직업능력개발원에 민간자격증으로 등재되어 자원 활동가 양성, 학부모 교육, 교사 직무연수, 대학생 전공역량 강화사업 등 여러 가지 목적으로 폭넓게 시행되고 있다(이송은 외, 2017a). 2018년부터는 늘어나는 초등 현장의 수요에 부응하여 '초등책놀이지도사'분야가 신설되었다. 초등 책놀이는 2022년 현재, 학교와 도서관, 지역아동센터, 복지관 등 여러 현장에서 대면 및 비대면으로 다양하게 실시되고 있다(예 초등 교과연계 수업, 초등 돌봄교실, 방과 후 책놀이, 도서관 독서프로그램, 교육복지 대상 아동 책놀이, 학교 부적응 아동을 위한 책놀이. 한 학기 한 권 읽기, 마을 방과 후 프로그램, 방학 독서교실, 독서캠프, 찾아가는 도서관... 등).

다양한 초등 책놀이 수업 현장

1) 이 두 권의 내용을 바탕으로 최초의 대중용 책놀이전문서적, 『스토리텔링과 책놀이』(창지사, 2012)가 발간되었다.

도서관 담당자

3) 책놀이, 무엇이 다른가?

책을 읽고 아무 놀이나 한다고 해서, 그것을 '책놀이'라고 부를 순 없다. 책놀이는 보편적으로 세 가지 목적을 띈다(이송은, 2012).

- 책과 책 읽기에 대한 긍정적 태도 형성
- 책을 매개로 한 정서적 교감과 사회성 증진
- 유능한 독자로의 성장

즉 책을 좋아하게 되고, 책으로 놀면서 정서적으로 소통하고 사회성을 키우며, 책을 즐기고 해석하고 표현할 줄 아는 독자로 커가는 것이다.

좋은 책놀이 수업 점검 리스트

★ • 도서 선정이 적절한가?
(아동의 흥미와 발달 수준, 작품성, 주제 적합성, 시의성 등)
★ • 읽기 과정에 새로움이나 즐거움이 있는가?
• 수업의 시작은 매력적이고 주의 집중을 돕는가?
• 전반적인 수업의 흐름이 편안하고 자연스러운가?
• 아동의 주도성과 능동성을 격려하였는가?
• 활동 목표를 달성하였는가?
★ • 활동은 책의 주제를 적절히 심화하고 있는가?
★ • 활동 방법이 아동의 발달 수준에 적합한가?
★ • 활동 방법은 뻔하지 않고, 전형성을 탈피한, 참신한 것인가?
★ • 아동이 책이 다시 보고 싶어지도록 격려하는가?
• 활동을 위한 준비과정이 너무 어렵거나 부담스럽지 않은가?
(예: 고비용 / 고난이도 교구제작)

출처: 이송은 외(2017). 스토리텔링과 책놀이, p.15

위의 11가지 항목 중, '★'를 표시한 내용은 '책놀이'이기 때문에 좀 더 강조되는 요소들이며, 다른 내용들은 일반 수업 활동에도 동일하게 적용되는 것들이다. 나아가 초등아동을 위한 책놀이는 현장 상황에 따라 교육과정에 대한 이해를 바탕으로 연계해야 할 경우도 있다.

2 아동발달과 놀이

초등아동을 위한 책놀이 수업을 설계하고 진행하려면 학령기 아동의 발달적 특성에 대한 이해가 필요하다. 이를 위해 먼저 아동 발달에 대한 주요 이론들을 간단히 알아보고, 초등 현장에서 관찰되는 일반적인 초등아동의 특성을 간추려 보기로 한다.

1. 초등아동의 발달적 특성

만 6세부터 11세까지의 초등학교에 다니는 시기를 일반적으로 아동기라고 하는데, 생활의 중심이 가정에서 학교로 옮겨감에 따라 이 시기의 발달에 학교생활이 중요한 역할을 하게 된다. 학교생활을 통해 아동은 많은 사회적 관계를 형성하게 되며, 또래 집단의 비중이 점차 커지게 된다. 아동기에는 체력과 운동 기술이 더욱더 신장되며 유아기의 자기중심성이 사라지고, 기억력과 언어기술이 증가하며, 자아개념이 발달하고 친구가 생활의 중심이 된다(정옥분, 2018).

- 에릭슨(Erikson)은 인간 발달의 여덟 가지 단계를 제시하였는데 각 단계마다 개인에게는 극복해야 할 심리 사회적 과제가 있고, 그것이 성공적으로 해결되면 긍정적 자질이 생겨 더 나은 방향으로 발달이 일어나고, 그렇지 못할 경우에는 부정적 자질이 생겨 자아가 손상을 입게 된다(Rice 외, 2009).

<표 1> Erikson의 성격발달단계

연령	단계	결과
1. 영아기(출생~2세)	기본 신뢰감 대 불신	낙천주의와 평온 대 비관주의와 불안
2. 걸음마기(2~4세)	자율성 대 수치심과 자기회의	자기신뢰와 독립성 대 의존성과 두려움
3. 학령전기(4~6세)	주도성 대 죄책감	호기심과 열정 대 지루함과 무감동
4. 학령기(6~11세)	근면성 대 열등감	성취에 대한 자부심과 성실 대 성취 미비로 인한 수치심
5. 청소년기(11~20세)	자아정체감 대 정체감 혼미	현재와 미래 자기에 대한 인식 대 관여 부족과 불안정
6. 성인초기 (20대 초반~40세)	친밀감 대 고립	친밀하고 의미 있는 관계 대 고독
7. 중년기(40~65세)	생산성 대 침체	성장과 타인에게 주기 대 정지와 무의미
8. 노년기(65세 이상)	자아통합 대 절망	죽음에 대한 수용 대 죽음에 대한 두려움

출처: Rice 외(2009). 청소년심리학, p.32

위 표를 통해, 초등 책놀이 활동 설계 시 교사는 아동들이 성취감을 얻을 수 있도록 유의해야 함을 알 수 있다.

• 피아제(Piaget)의 인지발달 이론에 따르면 감각운동기(0-2세), 전조작기(2-7세)에 이어 초등아동에 해당되는 단계는 구체적 조작기(7세-11세)이다. 탈중심화가 이루어지고 가역적 사고, 보존개념이 생겨서 논리적 문제 해결이 가능하고 도덕적 양심이 발달하는 시기이다. 이 시기에는 사회적 문제를 다룬 사실동화, 전기문으로부터 다양한 정보책과 환상동화에 이르기까지 폭넓은 독서가 이루어진다. 가상과 현실을 구분할 수 있고 자신의 지각으로부터 벗어나 본인의 관점에 모순되는 사실들을 받아들이고 타인의 관점을 수용할 수 있게 된다. 과거와 미래에 대한 시간 개념을 이해할 수 있게 되어 역사동화나 전기를 이해할 수 있게 된다(이송은 2013). Piaget의 인지발달단계를 정리해 보면 〈표 2〉와 같다.

<표 2> Piaget의 인지발달단계

발달단계	특징	연령
감각운동기	감각-동작을 통한 학습, 어떤 물체를 다른 각도에서 보아도 동일하다는 것을 인식 못함, 의도적 반복 행동	0~2세
전조작기	지각과 표상 등의 직접경험과 체험적인 행동, 사물을 단일차원에서 분류, 언어의 발달, 자기중심성의 사고와 언어태도, 비가역성	2~7세
구체적 조작기	동작으로 생각했던 것을 머리로 생각할 수 있음, 논리적 사고, 가역성 획득, 언어의 복잡화, 사고의 사회화	7~11세
형식적 조작기	추상적 개념의 이해, 문제해결에서 형식적 조작이 가능, 사물의 인과관계 터득, 문제해결에 가설 적용, 가설 검증능력, 추리력 · 응용력의 발달	11세~15세

출처: 이대식 외(2010). 아동발달과 교육심리의 이해, P.54

구체적 조작기에 해당하는 초등아동들은 사고가 매우 빠른 속도로 발달하며, 자기중심적인 사고에서 통합적인 사고로 변화되며, 놀이를 할 때도 혼자가 아니라 친구들과 함께하는 협동 놀이를 하게 된다. 그리고 이들은 호기심이 무척 강하고 다양한 관심사를 지니고 있으며, 논리적으로 합리화하는 능력이 개발된다. 따라서 다양한 분야에 대한 흥미를 유발하며 합리적인 설명과 행동으로 가르치는 것이 좋다. 또한 이 시기의 아동들은 경험적이고 귀납적인 사고를 하게 되고, 구체적이고 명확하며 실제적인 상황에 대한 사고는 할 수 있지만, 보이지 않는 상황에 대해서는 잘 알지 못한다. 그러므로 교사들은 가능한 구체적인 사건과 구체적인 예를 통하여 이들을 가르치도록 해야 한다(박소연, 2008).

• Piaget는 또 인지구조의 발달에 따라 아동의 도덕적 판단이 타율적 도덕성의 단계와 자율적 도덕성의 단계의 두 단계를 거쳐 발달한다고 보았다. 타율적 도덕성의 단계는 10~11세 이하의 아동들에 해당하는데, 이 시기의 아동은 도덕적 판단을 할 때 행동의 동기보다는 결과에 바탕을 두고 판단한다. 이 시기의 아동들은 규칙이 어른들이나 신이 만들어 전해진 것이어서 규칙은 고정되어 있고 절대적이며 변화할 수 없는 것으로 여긴다. 반면에 자율적 도덕성의 단계(12세 이상)에 이르면 관련된 사람들이 동의하면 규칙을 변화시킬 수 있다고 여긴다. 도덕적 판단을 할 때 행위의 결과보다는 동기를 중시하게 된다(이대식 외, 2010).

"어머니를 도우려다 15개의 컵을 깬 아이 vs
찬장에 들어있는 쿠키를 몰래 꺼내 먹으려다 1개의 컵을 깬 아이,
어느 쪽이 더 나쁜가?"

→ 타율적 도덕성 단계의 아동은 전자가 더 나쁘다고 답할 가능성이 크고, 자율적 단계의 아동은 후자가 더 나쁘다고 할 가능성이 크다(Piaget, 1932; 이대식 외, 2010 재인용).

현장에서 관찰되는 일반적인 초등아동의 특성을 간추려 보면 다음과 같다.

초등 저학년 아동들은 손, 발의 협응력이나 소근육을 사용한 섬세한 조작 활동 능력은 부족하지만 놀이를 좋아하고 많이 움직이고 싶어 하며 모방을 잘한다. 호기심이 많고 배우는 것을 즐기며 배운 내용을 그대로 흡수하는 시기이기도 하다. 좋아하는 것은 여러 번 반복해도 좋아하며 이야기를 듣고 상상하는 것을 좋아한다. 개인적으로 노는 것을 선호하며 두 명 정도의 소집단으로 소꿉놀이나 짝 활동을 하는 것을 좋아한다. 이때 규칙을 잘 지키려고 노력한다.

초등 중학년 아동들은 집단 놀이를 좋아하기 시작한다. 신체발달에서 개인차가 큰 시기이며 대근육 놀이는 대부분 잘하고 소근육 놀이는 개인차를 보인다. 남녀 아이들의 관심사가 달라지기 시작하는 시기이기도 하다. 또래집단의 영향력이 강해져서 다른 친구들을 많이 의식하기 시작하는 시기이며 한편으로는 인정욕구, 칭찬 욕구가 강해지는 시기다. 학습적인 면에서도 호기심이 더욱 활발해지며 모둠별 협동학습이 가능해지는 시기다. 규칙을 내면화하는 시기기도 하다.

고학년 아동들은 2차 성징이 나타나면서 다양한 변화가 일어난다. 신체 변화에 따른 남녀 운동 능력의 차이가 두드러진다. 어른들에 대한 반항이 시작되고 어른들의 말이나 행동을 그대로 받아들이기보다는 비판적으로 바라보는 시각이 생긴다. 다른 친구들과 비교하면서 경쟁의식이 나타나기도 한다. 남녀와의 차이를 느끼기 시작하고 또래 친구들 간의 관계가 밀접해지는 시기다. 학습적인 부분에서도 관심과 탐색 영역이 학습뿐만 아니라 사회적으로 다양한 방면으로 확장되어 나가며 형식을 갖추어 진행하는 토의나 토론이 가능해진다. 아는 것이 많아짐과 동시에 모르는 것을 물어보는 것(질문)을 두려워한다. 학습에 대한 부담이 높아지고 학력 차이가 뚜렷해지는 시기다.

2. 놀이의 이해

놀이에 대한 정의는 여러 관점이 있으나 『한국민족문화대백과사전』은 다음과 같이 설명하고 있다.

"놀이란 인간의 생존과 관련이 있는 활동과 '일'에 해당되는 활동을 제외한 모든 신체적 · 정신적 활동의 모든 것을 말한다. … 막연한 휴식은 놀이가 아니다. 일정한 육체적 · 정신적인 활동을 전제로 하며, 정서적 공감과 정신적 만족감을 바탕으로 이루어지는 활동이다. 인간으로서의 삶의 재미를 적극적으로 추구하고 즐기고자 하는 의지적인 활동이다. 그러므로 놀이는 재미가 있어야 하고 다른 사람들을 끌어들이는 공감력이 있어야 하며, 모든 제약으로부터 해방시켜 주는 자유스러움과 놀이 주체의 자발적인 참여가 보장되어야 한다(한국민족문화대백과사전, 제5권, pp.771-772)."

놀이에 대한 연구는 오래전부터 동서고금을 통해 이루어져 왔는데 놀이의 특성을 종합해 보면 내적 동기화, 결과보다 과정 중시, 비사실적 행동, 적극적 참여, 긍정적 정서, 외적 규칙으로부터의 자유, 자유로운 선택, 유연성 등을 들 수 있다(박찬옥 외, 2008). 대부분의 성인이 일을 통해 자신의 능력을 확인하고자 하는 반면, 어린이는 놀이를 통해서 세상을 알아가고, 친구를 사귀고, 자신의 유능감을 확인한다. 영유아 및 초등 학령기를 포함한 유년기의 놀이 활동은 신체, 사회성, 인지, 언어, 정서, 창의성 발달에 영향을 미친다(이숙재, 2014).

2022년 개정 교육과정은 초등 1~2학년의 문해교육의 중요성을 강조하여 놀이와 연계한 한글 익힘 학습을 실시할 것을 제안하며, 초등 저학년의 '즐거운 생활' 교과를 기존의 체제(음 · 미 · 체)를 유지하면서 표현, 놀이 및 활동 중심으로 재구조화하되, 신체활동을 강화할 것을 권장하고 있다.

3. 아동발달과 놀이

놀이와 관련해서 피아제(Piaget, 1962)는 연습놀이, 상징놀이, 규칙 있는 게임으로 구분하였고, 스밀란스키(Smilansky, 1968)는 기능놀이, 구성놀이, 극놀이, 규칙이 있는 게임 등으로 구분하였다(박찬옥 외, 2008에서 재인용).

발달과 놀이를 통합적으로 살펴보면, 감각운동기의 영아는 신체를 활용하여 만족감을 느끼는 행동을 반복함으로써 즐거움을 얻는 기능놀이로 시작한다. 그러다가 만 2세가 가까워져 오면 물건을 끼우고, 쌓고 만드는 등 창조적 활동인 구성놀이를 시작한다. 그 후 2세 중반 경부터는 상징놀이를 시작하는데, 상징놀이는 학자에 따라 상상놀이, 가상놀이, 가장 놀이와 혼용되기도 하며 가작화 요소를 포함한다. 사회극놀이(sociodramatic play)는 상징놀이가 더욱 발전한 놀이형태로, 유아들이 즐겨하는 '엄마 · 아빠놀이'가 예이다. 사회극놀이는 한 명 이상의 친구와 함께하며, '역할의 가작화', '사물의 가작화', '행동과 상황의 가작화', '지속성', '상호작용', '언어적 의사소통' 등 여섯 가지가 수준 높은 사회극놀이의 조건이 된다(이숙재, 2014). 규칙 있는 게임은 인지발달단계 상, 아동이 전조작기에서 구체적 조작기로 전환되면서 새로운 차원이 첨가된 것이다. '공기놀이'라는 한 가지 놀이를 예로 놀이유형의 변화를 살펴보면 2세 이전의 영아들은 공깃돌을 굴리고 컵에 담거나 흔들어 보는 기능놀이를 한다면, 3세 경이 되면 공깃돌을 다양한 패턴으로 나열하거나 모래 케이크의 윗부분을 장식하는 데 사용하며, 4세 경에는 공깃돌을 계란으로 가작하여 사회극놀이를 한다. 만 6세 경이 되면 공깃돌로 목표물 안에 던져서 넣는 규칙 있는 게임을 즐길 수 있다(이숙재, 2014).

사회적 측면에서 보면 놀이의 발달은 비참여 행동, 방관자적 행동, 단독놀이, 병행놀이, 연합놀이, 협동놀이의 순으로 나타난다(Parten, 1932; 이숙재, 2014에서 재인용). 즉 어릴 때는 다른 친구의 놀이를 지켜보다가, 혼자서 놀이하다가, 점차 친구 곁에서 놀다가, 친구들과 함께 놀이에 대해 이야기하고 놀잇감도 빌려주다가, 한두 명이 지도자가 되어 역할을 분담하고 놀이를 조직적으로 진행하게 되는 것이다. 사회적 발달 면에서 초등학교 저학년은 의존적이던 아동들이 독립적으로 성장해가는 시기이다. 따라서 자신의 선택에 대해 책임질 기회를 제공해 주고, 의존감과 책임감을 적절히 제공하여 훈련하는 것이 필요하다. 이들은 모방적이고 창의적이므로 역할극, 상황놀이 등이 매우 효과적이다. 또한 그룹과제 등을 통하여 협동하는 것을 가르쳐야 한다. 초등학교 고학년은 공동체 안에서 주어진 자신의 책임을 받아들일 수 있다. 그러므로 부서나 분반 안에서 어려운 일들을 맡겨 책임감을 기를 수 있는 기회를 제공해 주어야 한다. 또한 군집의 본능이 강하여 그룹이나 모임 만들기를 좋아하며, 경쟁하기 또한 좋아한다(박소연, 2008).

책놀이를 설계하고 진행할 때 놀이의 유형이나 발달을 고려해야 하는 이유는, 아이들이 무엇을 할 수 있는지, 어떤 형태를 즐기는지 알아야 흐름이 자연스럽고 편안한 책놀이를 펼칠 수 있기 때문이다.

3 스토리텔링의 이해와 적용

1. 스토리텔링 vs 동화구연, 그리고 책놀이

책 읽어주기와 관련해 우리 사회에 '스토리텔링(storytelling)'이란 용어가 등장한 것은 그다지 오래되지 않았다. 80년대까지만 해도 책을 재미있게 읽어 준다고 하면 동화구연을 먼저 연상하였다.

그림책이 본격적으로 보급되기 전이라 읽을거리가 주로 동화책이다 보니, 당시에는 '많은 양의 텍스트를 어떻게 잘 다듬어서 실감나게 전달할까?'가 중요하였다. 자연히 개작과 화술이 핵심인 동화구연에 대한 관심이 높을 수밖에 없었다.

그러나 90년대 중반 이후 그림책이 대거 등장하면서 텍스트의 양도 줄고, 글 대신 그림이 상당부분 메시지 전달을 담당하게 되자 종래와는 다른 양식의 소통이 요구되었다. 장르 면에서도 전처럼 서사(敍事, 사건과 상황이 시간 순서대로 기술된 이야기)에 국한되지 않고, 정보그림책, 운문그림책 등 폭이 넓어짐에 따라 구연 식 읽기뿐만 아니라 담백한 낭독식 읽기, 함께 이야기 만들어 가기(예 글 없는 그림책) 등 다양한 읽기를 아우를 필요가 생겨났다. 여기에 부합한 것이 '스토리텔링'이었다. 스토리텔링은 구연뿐 아니라 큰 틀에서 '이야기 만들기', '이야기 전달하기'의 의미를 갖고 있는 말이기 때문이다. 한 마디로, 이야기 활동 전반을 아우르는 어휘라고 할 수 있다. 스토리텔링과 동화구연의 관계를 살펴보면, 스토리텔링은 동화구연보다 큰 개념으로 동화구연을 포함한다.

스토리텔링과 책놀이의 관계를 살펴보면, 책놀이에서는 읽는 과정을 중요시한다. 종래의 독서지도나 문학 활동이 책 읽기를 내용 파악을 위한 수단 정도로 여기고 독후 활동에 치중했던 것을 지양하고, 어린이 스스로 다시 책이 보고 싶어지도록 격려하려면 책의 특성에 맞는 스토리텔링을 연구해야 한다고 강조한 것이다.

2. 스토리텔링 유형

어린이 독서활동을 다루는 여러 분야의 의견을 포괄적으로 수용하면서, 독자가 중심이 되는 읽기 방법을 제안한 것이 『어린이 담당 사서를 위한 스토리텔링 운영 매뉴얼』(국립어린이청소년 도서관, 2009; 2011)의 읽기유형분류이다. 이에는 가정과 도서관, 유아교육기관, 학교 등 다양한 현장에서의 책 읽어주는 상황을 관찰한 연구(이송은, 2009)가 바탕이 되었으며, 원문의 각색 여부와 입체적 구연 여부가 분류의 기준이 되었다. 이 읽기 유형이 담고 있는 핵심은 읽기에는 다양한 방식이 있으며, 동일한 책이라도 작품에 따라, 청중에 따라, 활동 목적에 따라 읽기 방법을 달리할 수 있다는 것이다. 한마디로 읽기의 자유로움을 보여주고 있다. 이 읽기 유형은 2013년 외국학술잡지에 실리기도 하였는데(Ko & Lee, 2013), 본 장에서는 보다 간결하게 수정한 것을 소개하고자 한다.[2)]

2) 읽기 유형별 장, 단점은 『스토리텔링과 책놀이』(2012, 창지사) pp. 15~16참조.

<표3> 읽기유형 분류

읽기 유형	I	II	III	IV	IV-1 (기타유형)
각색 여부	원문대로 읽기		각색해서 읽기		상황에 따라 선택
구연식 읽기	적용하지 않음	적용	상황에 따라 선택	각색	상황에 따라 선택
방식	• 글자 그대로 또박또박 읽어주기	• 책 내용을 그대로 다 읽되, 등장인물을 입체적으로 설정하고 상황을 살려서 읽음	• 비교육적인 부분의 삭제나 간단한 어미교체 등 간단한 수준의 각색이 이루어짐 • 등장인물을 입체적으로 설정하고 상황을 살려서 읽거나, 담담하게 읽음	• 줄거리를 그대로 살리되, 각색을 하여 구연 식으로 읽어줌 • 등장인물을 입체적으로 설정하고 상황을 살려서 읽음 • 읽어주는 사람의 해석이 가미됨	• 글 대신 그림읽기, 부분읽기, 건너뛰며 읽기등을 한 가지 또는 여러 가지 병행함
이 방식이 적합하거나, 요구되는 책의 유형 및 상황	• 문지해독교육 • 동시, 동요 그림책, 정보그림책(※원작이 특별한 해석이 필요 없는 경우)	• 문자해독교육 • 등장인물과 줄거리가 있는 이야기 그림책 • 등장인물과 대사가 가미된 동시, 동요, 정보그림책	• 비속어나 비교육적인 장면이 있을 경우 • 지나치게 길거나 어법이나 문법에 맞지 않는 문장이 있을 경우 • 아동의 이해를 돕기 위해 문장첨가가 필요한 경우	• 대집단을 대상으로 하는 활동에서 원문의 양이 너무 많을 때 • 공연예술로서의 감상이 필요할 때	〈영아〉 • 놀이 속성이 강한 책 • 줄거리가 강조되지 않는 책 • 책을 처음 보거나 책읽기 경험이 많지 않을 때, 일종의 과도기적 책읽기 형태 〈영아 외 연령〉 • 활동 상 특정장면에 대한 발췌식 읽기가 요구될 때
적용범위	수업용/ 문해 교육	수업용/ 문해 교육	수업용	수업용/ 공연용	영아 초기 책읽기/ 책의 일부를 활용하는 수업

3. 그림책 읽기

1) 책 읽어주기의 가치

과거에는 책 읽어주기를 글자를 읽지 못하는 유아를 위해 성인들이 하는 활동으로 여겼으나, 최근에는 소리 내어 읽어주기가 갖는 교육적 가치와 '듣는 독서'가 갖는 특성과 장점에 관심이 높아지고 있다. 책 읽어주기의 가치를 정리해 보면 다음과 같다.

책 읽어주기의 가치

- 읽어주는 사람과 듣는 사람 간에 친밀감을 형성한다.
- 내용에 대한 이미지 형성을 돕는다.
- 듣는 사람의 구어를 활성화시켜 준다.
- 사건과 사물의 핵심에 집중하는 힘을 길러 준다.
- 글자를 모르는 유아도 문학을 즐길 수 있도록 도움으로써 책에 대한 긍정적 태도를 형성한다.
- 몰입된 읽기를 통해 읽는 사람에게도 정서적 카타르시스를 준다.
- 세대 간 문화 전수 및 삶의 지혜를 공유할 수 있도록 해 준다.
- 듣는 독서를 통해 언어에 대한 감수성과 직관을 길러 준다.

출처: 이송은 외(2017). 누구나 할 수 있는 이야기 들려주기, p.12

2) 그림책 맛있게 읽기

그림책(picture book)은 그림과 글이 유기적으로 결합된 책이다. 그림책의 그림은 '이야기가 담긴 그림'으로서 이야기를 이끌고 가는 시각적 언어이다. 본문 내용에 단순한 부가적인 기능을 하는 '삽화'와는 구별이 되며, 일반적으로 이야기에 삽화가 더해지는 경우에는 그림책과 구별해 그림 이야기책(illustrated book)이라고 한다. 그림책은 문학과 미술이라는 두 예술 장르가 만난 것으로, 그림책을 읽어준다는 것은 곧 글과 더불어 그림도 읽어준다는 것임을 상기해야 한다(이송은, 2012). 또 그림책은 무게와 부피, 두께, 질감 등 외형적 물체로서의 특성을 지니고 있는데, 책놀이에서는 이 같은 외적 요소도 읽기와 놀이 과정에서 중요하게 다루어진다.

그림책을 맛있게 읽는 방법은 다음과 같이 정리할 수 있다.

그림책 맛있게 읽는 방법

- 주제와 내용에 어울리는 도입 활동으로 책에 대한 관심을 높인다.
- 표지, 면지, 속표지까지 읽는다.
- 글과 그림을 필요에 따라 부분적으로 가리며 읽는다.
- 그림을 적극적으로 읽는다.
- 책이 지닌 외형적 특성을 살려 읽기 활동의 교구로 활용한다.
- 어감을 살려 감각적으로 읽는다.
- 등장인물의 특징을 살려 읽는다.
- 책 읽기 속에서 소리의 강약, 속도 등 화술의 요소를 가미한다.
- 읽기에 청중을 초대한다.
- 노래와 동작을 곁들여 읽는다.

출처: 이송은 외(2017). 스토리텔링과 책놀이, p.23

위의 내용에는 화술에 관한 부분, 그림책의 특성을 반영한 부분, 독자의 반응을 격려하는 수업활동 방법 등 크게 세 영역에 걸쳐 읽기 노하우가 정리돼 있다.

4 책놀이 수업 설계

초등 책놀이 수업설계는 여러 관점에서 출발할 수 있다. 먼저, 교과 주제나 단원 등 교육적 목적에서 출발하기도 하고, 놀이 활동의 유쾌함이나 확장성에서 시도할 수도 있으며, 특정 책이 가진 재미와 교육적 가치로부터 풀어나가기도 한다. 어디에서 시작되었든, 아동발달 단계를 고려하여야 하며 책 읽기와 놀이의 즐거움이 살아있고 교육적으로도 가치가 있어야 할 것이다. 이를 위해서는 수업계획안과 수업일지라는 틀이 필요하다.

1. 반응 중심 문학 활동

"책은 열려 있고 끝나지 않으며,
어린이는 자신의 생각을 더해서 이야기를 완성한다.
읽힌 책은 작가와 독자의 합작품인 것이다."
-타운젠드(Townsend, J.R., 1996)-

책놀이의 근간을 이루는 이론은 크게 반응 중심 문학 활동과 스토리텔링 유형(3장 참조)을 들 수 있다. 그 중 반응 중심 문학 활동은 책놀이가 무엇을 위해, 누구를 위해, 어떤 것을 해야 하는지에 대한 방향성을 제시한다. 독자 반응 이론(reader-response theory)을 처음으로 구체화한 학자는 로젠 블랫(Rosenblatt, 1978)이다. 반응 중심(response-centered) 문학 활동이란 독자 반응 이론과 발달심리학을 문학 교육에 적용한 것으로, 전통적인 문학 활동이 텍스트 중심, 작가 중심, 교사 중심, 내용 분석 중심으로 이루어지던 것에 반발해, 독자의 반응 중심, 독자 중심, 어린이 중심, 심미적 읽기와 경험으로서의 문학을 강조한다. 반응 중심 문학 활동에서 강조하는 바는 크게 세 가지 측면에서 고찰할 수 있다.

먼저, 독자의 위치이다. 반응 중심 문학 활동에서 독자는 문학작품에서 '하나의 정확한 의미'를 습득하는 게 아니라 자신의 배경지식을 바탕으로 자기만의 고유한 의미를 만들어낸다. 과거에는 작가가 심어 놓은 한 가지 의미를 알아내기 위해 작품을 분석하는 게 독자의 할 일이었으나, 이제 독자는 작품을 읽고 자신의 경험과 연계하여 의미를 만들어내고 그 의미를 또 다른 독자와 교류하면서 새로운 의미들을 형성해 나간다. 아동 독자는 더 이상 수동적인 위치에 있지 않다. 아동중심 교육철학이 문학 활동에 반영된 것이라고도 볼 수 있다.

다음은, 무엇을 문학 활동으로 보는가 하는 점이다. 반응 중심 문학 활동에서는 심화된 감상방법으로써 소리 내어 읽기, 작품내용 몸으로 표현하기 등 다양한 방법으로 문학작품에 반응하기를 격려한다. 또한 자신의 삶과의 연계와 체험적 활동을 강조한다. 과거, 전형적인 독후활동이라면 으레 몇 가지 언어활동이나 조형 활동 등을 떠올렸다면 이제는 언어, 조형, 음률, 동작, 수·과학, 극놀이 등 다양한 영역으로 풀어낸다. 이는 통합적 문학 활동을 격려하는 총체적 언어교육(whole language approach)의 입장과도 닿아 있다.

마지막으로, 왜 문학 활동을 하는가 하는 점이다. 위에서 언급한 것처럼, 반응 중심 문학 활동에서는 독자가 문학을 접하면서 자신의 삶과 연계하여 의미를 만들어내는 것을 중요시한다. 그러기 위해서는 다양한 감상 활동뿐만 아니라 자신이 음미할 충분할 시간을 주고, 언어를 발견하고 미술적 요소를 발견해 가는 심미적 감상의 기회를 제공해야 한다. 그러기 위해서는 많은 양의 책을 읽는 것 못지않게, 질적으로 심화된 감상과 이에 따른 표현을 격려해야 할 것이다.

반응적 문학 활동에서는 독자와 텍스트, 사회적 맥락이 세 축을 이루는데 특히 사회적 맥락 가운데 상호작용, 경험, 문학적 반응에 대한 성인의 영향을 강조한다(Galda & Cullinan, 2002). 이를 초등 현장에 적용해 보면, 아동이 반응적 독서가로 자라나는 데는 교사의 문학에 대한 태도와 효과적인 상호작용 여부가 매우 중요함을 알 수 있다. 다음은 책을 읽은 뒤 독후 활동에 있을 수 있는 질문 유형이다. '예/아니오'나 정해진 답이 아닌, 여러 가지 답을 나올 수 있는 개방형 질문이 바람직하다.

<표 4> 상호 작용 시 교사의 발문 수준

낮은 수준의 질문	높은 수준의 질문
* 이야기 재미있었니?	* 이야기 어디가 재미있었니? 그 이유는 무엇이니?
* 이야기 속 아이가 어떻게 했니?	* 만약 네가 그 아이라면 어떻게 하겠니?

출처: Trawick-Smith, Jeffrey(1994)

2. 수업계획안 및 수업일지

1) 초등 수업 현장의 이해

초등학교 수업은 40분을 단위로 하고 10분간의 쉬는 시간이 주어진다. 80분 단위의 블록수업을 운영하기도 하지만 일반적으로 40분 단위가 1차시이다. 1차시의 수업은 다시 도입-전개-정리의 단계를 통해 구분된다(권동택 외, 2014). '도입'에서는 전 차시에 학습에 대한 상기, 동기유발 및 분위기 조성, 학습문제 진술이 이루어지고, 전개 단계에서는 학습 활동들이 진행되며, 정리 단계에서는 그 차시 목표에 대한 평가와 다음 차시에 대한 예고가 이루어진다. 교사는 수업을 계획할 때부터 수업에서 평가를 어떻게 반영할 것인지 고려해야 한다. 우리나라에서는 국가수준 교육과정을 통해 각 교과별 성취기준을 제시하고 있는데, 교사는 이런 성취기준에 도달할 수 있는 내용과 방법으로 교수-학습을 준비하고 계획한다. 책놀이 수업에서는 일반적으로 '전개' 단계에서 책 읽기와 연계활동이 이어서 이루어진다.

2) 수업계획안 및 수업일지 작성

책놀이에 수업계획안이 필요한 이유는 책놀이 역시 그림책을 활용한 문학활동 수업이기 때문이다.

수업계획안은 교과수업의 진행 계획을 기재한 문서이고 수업일지는 교과수업의 진행 사항을 기재한 것이다. 전자는 수업 전에, 후자는 수업 후에 작성한다.

• 수업을 여행에 비유하자면, 여행을 떠나기 전에 우리는 어디로, 어떤 목적으로(예 고적답사, 친목 도모, 휴식 등), 누구랑 얼마 동안, 준비물은 어떤 걸 챙겨서, 어떤 여정으로 다녀올 것인지를 계획한다. 이는 수업계획안 양식에 명시된 활동명, 활동 목표, 활동 대상, 활동시간, 활동 자료, 활동 방법 등의 항목에 해당한다. 책놀이는 여기에다 도서에 대한 서지정보 항목이 추가된다(한국책놀이지도사협회 홈페이지, www.bookplays.com 양식 다운로드 참조).

• 수업일지도 마찬가지로 여행의 관점에서 비유할 수 있다. 여행을 끝내고 나서 계획대로 이루어졌는지 점검하고 여행 중 특이사항과 소감을 덧붙인 문서는 다음 여행에 참고자료가 된다. 책놀이가 활동 목표에 맞게 잘 진행되었는지, 예측하지 못했던 상황들(좋은 것이든, 나쁜 것이든)은 없었는지, 아동의 반응은 어떠했는지 구체적으로 진술한다.

수업계획안의 주요 항목들을 좀 더 살펴보기로 한다.

활동명은 활동의 특성이나 주제가 명확히 드러나도록 진술하며, 활동 목표 진술은 명확하고 행동적 용어로 진술해야 한다. 목표 작성 시 기본적으로 다음 사항에 유의한다(박찬옥 외, 2015).

• 교사 중심이 아니라 아동 중심으로 기술한다.
  예 ~하게 한다. (X) / ~할 수 있다. (O)
• 목표 진술은 공적 진술이므로 종결어미를 '~해요', '~하자' 형태로 기술해서는 안 된다.
• 목표의 내용을 임의대로 간단히 목록화해서는 안 된다.
  예 이면지를 놀잇감으로 활용하기 (X)
  이면지를 놀잇감으로 활용하여 놀이를 할 수 있다. (O)

초등아동을 대상으로 한 수업에서는 학습목표는 내용과 행동 두 가지 요소가 포함되도록 진술한다(김영심, 2016). 내용만으로 학습목표를 진술하면 그러한 내용으로 학생들이 무엇을 해야 하는지를 나타내지 못한다. 또한 행동만으로 학습목표를 진술하면, 그러한 행동이 어떤 내용이나 생활면에 통용되는 것인가를 나타내지 못한다. 따라서 학습목표는 학생에게 길러져야 할 행동의 종류와 그러한 행동이 적용되는 내용 영역의 두 측면을 함께 표시하는 것이 가장 유용한 형식이다. 위 예문의 경우 '이면지를 놀잇감으로 활용하여'가 내용, '놀이를 할 수 있다'가 행동에 해당한다.

활동 자료는 수업에서 사용하는 모든 교재, 교구, 활동 재료 등을 기술하는데, 교사용 교구와 아동용 활동 자료가 구분되도록 일목요연하게 쓰는 게 바람직하다. 활동 방법은 활동이 진행되는 순서(도입–전개–정리)대로, 아동 중심으로 기술한다. 이때 활동 방법의 내용은 마침표로 끝나는 문장으로, 교사의 발문은 '-'를 앞에 붙여 구어체로 진술한다.

> 예 2) 이면지를 탐색한다.
> - 이면지로 무엇을 할 수 있을까요?

'정리'단계에서는 해당 차시의 활동 목표에 준거해 평가가 이루어지며, 마지막으로 다음 차시 예고를 한다. 일반적으로 초등 수업 현장에서는 단위 수업 시간 중 3~5분 정도를 정리 시간에 할애하는데, 수업을 정리하는 방법으로 많이 사용하는 것들에는 다음과 같은 방법들이 있다(권동택 외, 2014). 필수적인 학습 내용에 대한 간단한 퀴즈 활용하기, 아동들이 문제를 해결하는 과정을 순서대로 제시하며 학습 정도를 관찰하고 파악하기, 간단한 문제들을 지면에 준비하여 지필 평가하기, 개별 공책에 배운 내용을 개조식으로 표현하기. 책놀이 수업에서는 그날 수업의 특성과 시간적 여유, 현장의 요구 등을 감안해서 탄력적으로 적용할 필요가 있다.

책놀이 수업 일지 작성에서 유의할 점은 '현장성'과 '기록'이다. 가급적 수업이 끝난 후 빠른 시간 내에 작성하는 것이 중요하다. 수업을 진행했을 때의 좋았던 점, 문제점, 아동들의 반응 등을 놓치지 않으려면 교사 1인이 진행하는 상황에서는 수업 직후 '현장 노트'형식으로 메모를 남길 필요가 있으며, 아동들의 주요 활동이나 포트폴리오는 사진으로 남겨놓는 것이 좋다(사진의 경우, 초상권 보호에 유의). 진솔한 일지는 반성적 성찰의 자료가 되고 다음 수업이라는 항로에 등대가 됨으로써 책놀이 교사의 교육적 성장에 발판이 된다.

두런두런 사랑방

책놀이는 크게 보아, 그림책을 활용한 문학활동이다. 그럼에도 굳이 '책놀이'라는 단어를 사용하게 된 데에는, 기존의 '독서지도'나 '문학활동'에서 소홀히 해 온 부분들이 있었기 때문이다.

우리나라 아이들은 학년이 올라갈수록 책을 읽지 않는 경향이 있다고 한다. 왜 그럴까? "무식한 대한민국"이라는 제하의 기사(머니투데이, 2014.7.24.)를 보면, 유아나 초등 때 바짝 읽다가 연령이 높아질수록 안 읽고, 중학생 무렵부터는 입시와 상관없는 책은 아예 읽으려 들지 않는다고 한다. 이에 반해, 선진국에서는 나이가 들수록 더 많이 읽는 독서 사이클을 보여준다. 그 이유를 한 출판 관계자는 이렇게 설명한다. "한국 부모들은 어릴 때 독서를 많이 시켜야 상위 1%에 진입할 수 있다고 믿고 있다. 옆집 아이와 경쟁적으로 책을 사주고 읽힌다. 의도가 순수하지 않은 것이다. 반면 선진국들은 독서가 그냥 습관이다." 몇 권을 읽었는지 양으로 비교당하는 독서, 문해 교육의 수단으로 내몰리는 책과의 초기 만남, 보여주는 결과물을 재촉받는 독후활동, 책이 독후활동을 위한 수단으로 전락한 독서의 과정…. 이 어디에도 책읽기의 즐거움이 없다. 책놀이는 아이들이 즐겁게 책을 만나면서, 자연스럽게 책이 좋아지고, 사람과 사람이 친해지고, 책 앞에서 주눅 들지 않는 당당한 독자가 되는 것을 지향한다. 책놀이에서는 읽기의 다양성과 전문성, 창의적이고 유연한 독후활동, 책 읽어주는 사람에 대한 재해석, 말과 글을 넘나드는 스토리텔링, 책에 대한 재개념화(再概念化) 등이 주요한 요소가 된다(이송은외, 2016). 이런 과정을 거치는 동안 아이들은 책이 다시금 보고 싶어지고, 생각하는 독자가 되며, 느끼고 표현하는 것을 즐기는 존재가 되어가는 것이다.

5 인성교육의 이해

인성(人性)이란 사람의 성품, 또는 각 개인이 가지는 사고와 태도 및 행동 특성을 말한다(표준국어대사전). 2015년 인성교육진흥법이 발표됨에 따라 인성교육이 교육현장에서 본격적으로 대두되었는데 본 장에서는 인성교육의 필요성 및 주요 개념과 방향, 책놀이와의 관계 등에 관해 간략히 알아본다.

1. 인성교육의 필요성

교육부가 발표한 [제2차 인성교육 종합계획(2021~2025)]을 살펴보면, 인성교육에 대한 필요성은 '제2차 인성교육 종합계획' 추진 배경에서 찾아볼 수 있다.

▶ 미래인재의 핵심역량인 인성 함양

인공지능(AI), 빅데이터 등 기술의 발전에 따라 인간만이 가질 수 있는 고유의 역량으로서 인성 함양이 필요해졌다. 상호연결성이 커지고 정보량이 급증하는 미래사회에는 상대방을 존중·배려하면서 소통하는 인성덕목이 필수적이기 때문이다.

▶ 인성교육 강화에 대한 사회적 요구

혐오범죄, 기후 변화 등 새로운 사회문제 해결을 위해 타인·공동체·자연과 더불어 살아갈 수 있는 인성 가치·덕목의 내면화가 필요하며, 원격수업 등 비대면 소통이 증가함에 따라 디지털 공간에서의 책임·존중 등 새로운 이슈와 접목될 수 있는 인성교육의 강화가 요구되고 있다.

2. 인성교육의 주요 개념 및 개선 방향

1) 정의

인성교육이란 자신의 내면을 바르고 건전하게 가꾸고 타인 · 공동체 · 자연과 더불어 살아가는 데 필요한 인간다운 성품과 역량을 기르는 것을 목적으로 하는 교육을 말한다(인성교육진흥법 제2조).

2) 핵심 가치 · 덕목

인성교육의 목표가 되는 것으로 예(禮), 효(孝), 정직, 책임, 존중, 배려, 소통, 협동 등의 마음가짐이나 사람됨과 관련되는 핵심적인 가치 또는 덕목을 말한다.

3) 핵심 역량

핵심 가치 · 덕목을 적극적이고 능동적으로 실천하는데 필요한 지식과 공감 · 소통하는 의사소통능력이나 갈등해결능력 등이 통합된 능력

4) 교육부 인성교육의 추진방향

[인성교육 종합계획 (1차–2차) 개선 사항 비교]

	제1차 인성교육 종합계획 (2016~2020)	제2차 인성교육 종합계획 (2021~2025)
관련 정책과의 연계성	- 교과 교육과 구분된 일회성 행사 · 체험 프로그램 운영 - 유사 교육정책과의 관계성 불명확	- 정규 교육과정 내 인성교육 강조 - 민주시민교육, 인권교육, 양성평등교육 등 관련 교육과 관계성 명시
추진 과제의 간소화, 수요 반영	- 5개 추진과제, 60개 세부과제 ※ 유사 · 중복과제 나열, 정책공급자 시각	- 4개 추진과제, 30개 세부과제 ※ 유사 · 중복과제 통합, 현장 적합성 낮은 과제 폐지 - 원격수업 환경 등 변화하는 정책 수요 반영 ※ 정보윤리교육, 동물보호교육 등
학교 · 교원의 의무사항 완화	- 학교는 매년 인성에 관한 교육계획을 별도 수립 - 교원은 매년 4시간 이상 인성교육 관련 연수 의무 이수	- 학교는 인성에 관한 교육계획을 학교 교육계획에 포함하여 수립할 수 있음 - 교원의 인성교육 관련 연수 의무 이수시간을 1시간 이상으로 감축

출처: 교육부(2020). 제2차 인성교육 종합계획(2021~2025).

3. 인성교육과 책놀이

책놀이를 통한 인성교육 기대효과는 크게 다음의 세 가지로 요약할 수 있다.

첫째, 인성교육의 핵심 가치 및 덕목을 그림책을 통해 자연스럽게 내면화할 수 있다. 문학적으로 우수한 그림책의 경우, 구성(plot)과 등장인물로부터 작품의 주제가 전편을 통해 뿜어져 나오기 때문이다.

둘째, 놀이 속에서 능동적으로 또래와 소통하고 갈등을 해결하는 경험을 통해, 인성교육의 핵심역량을 키울 수 있다.

셋째, 책놀이가 갖는 다양한 체험-여러 가지 인적 구성(단독, 짝, 팀)과 다양한 유형의 놀이를 통해 자기효능감을 증진하고 상호존중과 소통하는 민주시민으로서의 소양을 기를 수 있다.

제 2 부

초등 아동을 위한 책놀이 실제

초등 책 1

『건물들이 휴가를 갔어요』

이금희 글 · 그림, 느림보, 2011

활동명 이면지로 놀자

활동 대상 초등 저 **활동 시간** 40분

활동 목표

- 이면지를 놀잇감으로 활용하여 놀이를 할 수 있다.
- 친구와 협력하여 한 가지 소재로 다양한 놀이를 할 수 있다.

활동 자료

그림책, 이면지, 소고

활동 방법

1. 놀이 경험에 대한 이야기를 나눈다.
 - 친구랑 어떤 놀이를 하고 노나요?

2. 그림책을 감상한다.
 1) 표지 탐색을 한다.
 2) 그림을 관찰하며 읽는다.

3. 이면지 놀이를 한다.
 1) 이면지 놀이를 위한 상황을 설정한다.
  - 건물들과 놀잇감들이 모두 휴가를 갔어요. 여기 이면지만 남아있네요.
 2) 이면지를 탐색한다.
  - 이면지로 무엇을 할 수 있을까요?

3) 신호등 놀이를 한다.

① 바닥에 아동의 수만큼 이면지들을 간격을 두고 놓는다.

② 교사가 두드리는 소고 박자에 따라 걷는 속도를 달리하며 종이를 밟지 않고 걷는다.

- 빨간 불(멈춤), 초록 불(보통 걸음), 노란 불(느린 걸음)

③ 교사가 "점프 ○번"을 외치면 말한 횟수만큼, 바닥에 놓인 종이를 뛰어넘는다.

4) 종이 팀과 글자 팀으로 나누어 이면지 뒤집기 놀이를 한다.

4. 정리 및 평가를 한다.

- 우리가 평소에 가지고 노는 놀잇감과 이면지를 비교했을 때 어떤 점이 달랐나요?
- 이면지를 활용한 놀이들 중 어떤 놀이가 기억에 남나요?

확장 활동 1 여러 가지 방법으로 이면지 나르기

- 이면지를 손등에 올리고 반환점 돌아오기 놀이를 한다.
- 이면지를 허벅지 사이에 끼고 반환점 돌아오기 놀이를 한다.
- 이면지를 반으로 접어서 겨드랑이에 끼고 반환점 돌아오기 놀이를 한다.

수업메모

- 재활용품을 활용한 활동과 연계하여 환경교육 주제로 할 수 있다.

초등 책 2

『고구마구마』

사이다 글 · 그림, 반달, 2017

활동명 **고구마야 놀자!**

활동 대상 초등 저 **활동 시간** 80분(2차시)

활동 목표

- 반복되는 글자를 사용해서 말놀이를 할 수 있다.
- 점토를 이용해 나만의 고구마를 만들고 이름을 지을 수 있다.

활동 자료

그림책, 고구마, 주머니, 찰흙, 일회용 접시, 꾸미기 재료(예 검정콩,노란 콩, 팥, 단면이쑤시개), 필기도구

활동 방법

1. 주머니에 넣은 고구마를 탐색한다.
 - 이 주머니 안에 무엇이 들어있을까요?

2. 그림책을 감상한다.
 1) 표지의 그림을 탐색한다.
  - 여기 고구마가 있네요, 어떤 모양이 있나요?
  - 고구마구마? 무슨 뜻일까요?
 2) 반복되는 '-구마' 부분을 강조하여 읽는다.
 3) 고구마의 생김새와 상황을 살려 읽는다.

3. '-구마'로 끝나는 문장을 만들어 순서대로 말한다.
- 선생님은 오늘 아주 신나는구마. ㅇㅇ은 기분이 좋구마? 싫구마?

4. 찰흙으로 자신만의 고구마를 만든다.

5. 자신이 만든 고구마에 '-구마'를 붙여 이름을 지어주고 한 명씩 소개한다.

6. 정리 및 평가를 한다.
- '-구마'로 이야기한 것 중 어떤 것이 가장 기억에 남나요?
- 친구들이 만든 고구마의 이름 중 어떤 이름이 재미있었나요?

수업메모

• 말놀이와 조형활동을 구분하여 각 1차시로 구성할 수 있다.

초등 책 3

『구슬이 데구루루』

허은순 글, 김유대 그림, 시공주니어, 2009

활동명 **데구루루, 구슬이 굴러가요**

활동 대상 초등 저 **활동 시간** 40분

활동 목표

• 다양한 방법으로 구슬 놀이를 할 수 있다.

활동 자료

그림책, 구슬, 주머니, 미니 골대, 색 테이프

활동 방법

1. 구슬놀이 경험에 대해 이야기를 나눈다.
 - 이 주머니에 무엇이 들어있을까요?

2. 그림책을 감상한다.
 1) 표지의 그림을 탐색한다.
 2) 꾸밈말을 강조하며 역동적으로 읽는다.
 3) 뒤 내용을 추측해 본다.

3. '구슬놀이 한마당'을 한다.
 1) 구슬구슬 홀짝
 2) 구슬치기

3) 구슬이 데구루루!

(1) 가까이 더 가까이

① 색 테이프를 붙여 출발선과 결승선을 표시한다.

② 구슬을 굴려 결승선에 가장 가까운 구슬이 이긴다.

(2) 슛 골인!

① 결승선에 미니 골대를 세운다.

② 가까운 거리부터 단계별로 거리를 멀리하여 구슬을 골대에 넣는다.

4. 정리 및 평가를 한다.

- 구슬 놀이를 하며 가장 재미있었던 점은 무엇이었나요?

수업메모

- 구슬을 배부하기 전에 구슬 사용 시 안전과 놀이진행을 위해 주의할 점을 알아본다.
- 아동들이 제안한 여러 가지 방법으로 구슬 굴리기 놀이를 해도 좋다.

초등 책 4

『단물고개』

소중애 글, 오정택 그림, 비룡소, 2010

활동명 청청! 효자 샘물 놀이

활동 대상 초등 저 **활동 시간** 40분

활동 목표

- 이야기 속 등장인물의 행동을 보며 효와 불효를 비교할 수 있다.
- 전래동요에 맞추어 손뼉 치기 놀이를 할 수 있다.

활동 자료

그림책, 전래동요 음원('청청 맑아라'), 그림 컷(어머니, 총각, 옹달샘, 초가집, 샘물 바가지), 머리띠, 융판

활동 방법

1. 제목에 등장하는 '단물'에 대해 이야기를 나눈다.
 - '단물'이 무엇일까요?

2. 그림책을 감상한다.
 1) 전래동화의 구수한 맛을 살려 읽는다.
 2) 등장인물의 성격을 살리되, 상황에 따라 변화를 준다.
 3) 반복되는 문장은 대화식으로 주고받듯 읽는다.
  - 얼음처럼 *차갑고* / 머루처럼 *달콤하고*

3. '효'와 '불효'에 대하여 이야기를 나눈다.
 - 총각의 어떤 행동을 보고 효자임을 알 수 있나요?
 - 신비한 샘을 만나고 나서 총각은 어떻게 달라졌나요?
 - 이야기를 통해서 볼 때 효는 무엇이라고 생각하나요?

4. 전래동요 '청청 맑아라'에 맞추어 손뼉 치기를 한다.

1) 전래동요 '청청 맑아라' 음원을 들으며 노래를 불러본다.
2) 노래에 맞추어 손뼉 치기를 한다.

5. 청청 효자 샘물 놀이를 한다.

1) 둘이 마주 보는 대형으로 둥글게 서서 바깥쪽에 서 있는 아동들이 일정한 방향으로 이동하는 방식으로 짝을 바꾸어 가며 박수 치기를 한다.
2) 효자를 맡은 아동은 바깥 열에 서며, 노래가 한 소절 끝날 때마다 융판의 초가집 그림 아래에 작은 바가지 컷을 붙이고, 마지막으로 효자가 초가집에 다다르면 큰 바가지 컷을 어머니 그림 밑에 붙인다.

6. 정리 및 평가를 한다.

- '단물고개' 이야기를 통해 볼 때 효와 불효를 구분하는 기준은 무엇이라고 생각하나요?

수업메모

- '효'와 '불효'에 대한 이야기 나누기를 할 때 교사 주도식 설명이 되지 않도록 유의한다.

초등 책 5

『달 샤베트』

백희나 글·그림, 책읽는곰, 2014

활동명 달 샤베트를 나누어요

활동 대상 초등 저 **활동 시간** 40분

활동 목표

- 주어진 재료로 샤베트를 만들며 물질의 변화를 관찰하여 달라진 점을 알 수 있다.
- '나눔'의 의미를 알고 그에 대한 생각을 말로 표현할 수 있다.

활동 자료

그림책, 음료수, 얼음, 굵은소금, 플라스틱 통, 지퍼 백, 투명한 작은 컵, 야광 스티커

활동 방법

1. 더울 때 먹는 것에 대한 이야기를 나눈다.
   - 더울 때는 어떤 종류의 먹을 것이 생각나나요?

2. 그림책을 감상한다.
   1) 표지의 그림을 탐색한다.
   2) 동작을 곁들이며 대사를 첨가해 읽는다.
   3) 가림 종이를 이용하여 달의 변화를 강조하며 읽는다.

3. 그림책 내용을 회상하며 '나눔'의 의미에 대해 이야기를 나눈다.
   - 그림책 속 아파트에서 한밤중에 어떤 사고가 일어났나요?
   - 반장할머니가 달물을 나눠주자 이웃들에게 어떤 변화가 생겼나요?

4. 음료수로 '달 샤베트' 만들기를 한다.

1) 음료수 약 200ml를 지퍼 백에 붓는다.
2) 얼음이 반쯤 담긴 플라스틱 통에 음료수를 넣은 지퍼 백을 넣고 굵은소금을 넣는다.
3) 아동들이 차례대로 플라스틱 통을 흔든다.
 - 달 샤베트 만들자! OO 샤베트 만들자! 샤베트가 다 만들어졌나요?
4) 야광 스티커를 이용해 달 샤베트 컵을 꾸민다.

5. 이야기를 나누고 달 샤베트를 먹는다.

1) 누구와 달 샤베트를 나누어 먹고 싶은지 이야기를 나눈다.
2) 아동이 꾸민 컵에 샤베트를 나누어 주고 함께 먹는다.

6. 정리 및 평가를 한다.

- 샤베트를 만들면서 새롭게 알게 된 점이 있나요?
- '나눔'은 누구에게, 어떤 때 필요한 것 같나요?

수업메모

• 얼음이 담긴 통을 흔들 때 차례를 잘 지키고 너무 소란스럽지 않도록 유의한다.

초등 책 6

『도둑을 잡아라!』

박정섭 글·그림, 시공주니어, 2010

활동명 도둑을 잡아라!

활동 대상 초등 저　　**활동 시간** 40분

활동 목표

- 이야기를 듣고 상황을 이해할 수 있다.
- 친구와 협동하여 문제를 해결할 수 있다.

활동 자료

그림책, 비교 그림 컷, 인물 그림 컷, A4용지, 필기도구, 스티커

활동 방법

1. 3초 내에 틀린 그림을 찾아본다.
   - 두 그림을 비교하여 달라진 부분을 정해진 시간 내에 찾아보세요.
2. 그림책을 감상한다.
   1) 표지와 면지의 그림을 탐색한다.
   2) 그림책의 내용을 주의 깊게 듣고 도둑을 찾아본다.
3. 몽타주 이어 그리기를 한다.
   1) 모둠에서 몽타주 그릴 순서를 정한다.
   2) 모둠원이 순서대로 나와 5초 동안 주어진 인물 그림 컷을 보고 10초 동안 몽타주를 이어 그린다.
   3) 모두 참가하여 몽타주를 완성하면 전시한다.

4) 인물 그림 컷과 비교하여 가장 유사해 보이는 몽타주에 스티커를 붙여준다.

5) 가장 많은 스티커를 받은 모둠이 몽타주 이어 그리기 왕이 된다.

4. 정리 및 평가를 한다.

- 몽타주는 도둑을 잡는 데 어떤 도움을 주나요?
- 몽타주 이어 그리기를 할 때 어떻게 해야 잘 그릴 수 있을까요?

확장 활동 1 반지를 찾아라!

① 반지 팀이 먼저 의논하여 모둠원 중에 한 명이 반지를 가진다. 이때 다른 모둠들은 뒤돌아 앉는다.

② 반지 팀이 "반지를 찾아라!" 하고 외치면 다른 모둠들은 돌아서서 누가 반지를 가지고 있는지 질문하고 표정을 살핀다.

③ 반지 팀은 다른 모둠들이 반지를 가진 모둠원을 찾지 못하도록 헷갈리게 한다.

④ 질문이 끝나면 모둠원들이 의논을 하여 반지를 가진 한 사람을 지목한다.

확장 활동 2 설명 듣고 몽타주 그리기

① 한 아동이 인물사진을 보고 설명하면 다른 아동들은 그림을 그린다.

② 다 그린 후 그림들을 비교해 본다.

수업메모

- 순서대로 나와 이어 그리기를 할 때 책상을 앞쪽에 배치한다.
- 주어진 시간에 그릴 수 있게 규칙을 정할 수 있다.

초등 책 7

『동강의 아이들』

김재홍 글 · 그림, 길벗어린이, 2000

활동명 마음의 거울을 비춰보아요!

활동 대상 초등 저 **활동 시간** 40분

활동 목표

- 가족의 의미와 소중함을 생각해 볼 수 있다.
- 비밀 그림카드를 만들며 대상을 생각하고 마음을 표현할 수 있다.
- 거울을 이용해 그림 속의 숨은 그림을 찾을 수 있다.

활동 자료

그림책, 교사용 안전거울(대), 아동용 안전거울(소), 숨은 그림 찾기 활동지, '마음을 비춰주는 비밀 그림카드' 재료(활동지, 그림카드), 색연필, 풀

활동 방법

1. 그림책의 배경이 되는 동강에 대해 알아본다.
- 여름에 더워지면 어디로 여행 가고 싶나요?

2. 그림책을 감상한다.
1) 그림책의 표지를 탐색한다.
2) 등장인물들의 감정과 상황을 살피며 읽는다.
3) 가림종이를 활용해 흥미롭게 읽는다.

3. 가족을 기다렸던 경험에 대해 이야기를 나눈다.

4. 숨은 그림 찾기를 하며 주인공의 마음을 헤아려 본다.

1) 그림에 교사용 거울을 대고 숨은 그림을 찾아본다.
2) 활동지의 반쪽 그림을 거울로 비춰보고 완성해서 풀로 붙여 본다.

5. '마음을 비춰주는 비밀 그림카드' 만들기를 한다.

- 우리도 그림책에서 본 것처럼, 내 마음을 비춰주는 비밀 그림카드를 만들어 볼까요?

6. 정리 및 평가를 한다.

- 그림책을 읽으면서 어떤 생각이 들었나요?
- '마음을 비춰주는 비밀 그림카드'를 만들 때 누구를 생각하며, 어떤 마음으로 만들었나요?

수업메모

- 그림책 속의 숨은 그림을 찾을 때 아동이 어려워할 경우, 교사가 먼저 시범을 보여줄 수 있다.

초등 책 8

『딩동거미』

신성희 글·그림, 한림, 2017

활동명 딩동! 거미줄

활동 대상 초등 저 **활동 시간** 40분

활동 목표

- 실을 이용하여 여러 가지 모양을 만들 수 있다.
- 규칙을 지켜 친구들과 협력하여 놀이할 수 있다.

활동 자료

그림책, 실뜨기 실, 딩동 퀴즈 카드, 털실 타래

활동 방법

1. 거미에 관한 스무고개를 한다.
   - 나는 누구일까요?

2. 그림책을 감상한다.
   1) 표지와 면지를 탐색한다.
      - 왜 '딩동 거미'일까요?
   2) 그림을 부분적으로 가렸다가 보여주며 읽는다.
   3) 묻고 답하는 퀴즈 부분에서 동작을 곁들여 읽는다.

3. 실뜨기 실로 여러 가지 모양 만들기를 한다.

4. 딩동 퀴즈를 풀며 실타래를 주고받는 놀이를 한다.

1) 교사가 퀴즈를 맞힌 아동 A에게 '딩동'하며 실타래를 던져준다.
2) A는 한 손에 털실을 한 번 감은 후, 딩동 퀴즈를 내고, 그것을 맞힌 아동 B에게 던진다.
3) 모든 아동에게 거미줄이 걸리면 높낮이를 달리하여 대형 거미줄을 변형해 본다.
4) 첫 번째 아동 A가 왼쪽 옆 아동에게 거미줄을 넘겨주고, 거미줄에 닿지 않도록 원하는 자리로 건너가 거미줄을 받아 앉는다.
5) 아동이 모두 건너가면 다시 마지막 사람부터 줄을 감으며 정리한다.

5. 정리 및 평가를 한다.

- 실로 만든 모양들 중 기억에 남는 모양이 있나요?
- 모두가 함께 만드는 거미줄 놀이를 하며 어려운 점은 없었나요?

수업메모

• 거미줄 놀이 시 모두 다 함께 지켜야 하는 규칙을 설명한다.

초등 책 9

『똑똑해지는 약』 & 『레모네이드가 좋아요』

마크 서머셋 글, 로완 서머셋 그림, 이순영 옮김, 북극곰, 2013

활동명 우리가 만드는 칠칠이와 메메 이야기

활동 대상
초등 저

활동 시간
40분

활동 목표
- 그림책 속 인물의 행동, 마음을 상상하며 그림책을 감상한다.
- 친구와 협력하여 이야기를 만들 수 있다.

활동 자료
그림책, 막대인형 재료(등장인물 컷, 나무젓가락), 풀, 색연필

활동 방법

1. 제목을 보며 이야기를 나눈다.
 - 만약에 '똑똑해지는 약'이 있다면 어떨까요?

2. 『똑똑해지는 약』 그림책을 감상한다.
 1) 제목을 읽고 속표지의 그림을 탐색한다.
 2) 반복되는 구절을 함께 읽는다.
 3) 뒷이야기를 추측해 본다.
  - 칠칠이는 똑똑해지는 약을 먹었을까요?
 4) 주인공의 마음을 헤아려 본다.
  - 칠면조 칠칠이는 이 사건 이후 어떤 생각을 했을까요?

3. 『레모네이드가 좋아요』 그림책을 감상한다.

1) 제목을 읽고 속표지의 그림을 탐색한다.
 - 염소 빌리는 소변이 너무 마려웠어요. 때마침 비어있는 컵을 발견했죠.

2) 마지막 부분에서 소똥을 들고 있는 칠칠이를 가리키며 뒷이야기를 상상한다.
 - 이번에도 칠칠이는 메메한테 속았을까요?

4. 칠칠이와 메메 막대인형 놀이를 한다.

1) 등장인물을 그려놓은 종이로 막대인형을 만든다.
 - 우리가 이어지는 3편 이야기를 직접 만들어볼까요?

2) 짝을 지어 이야기를 구성한 후 막대 인형극을 발표한다.

3) 새로 지은 3편 이야기의 제목을 정한다.

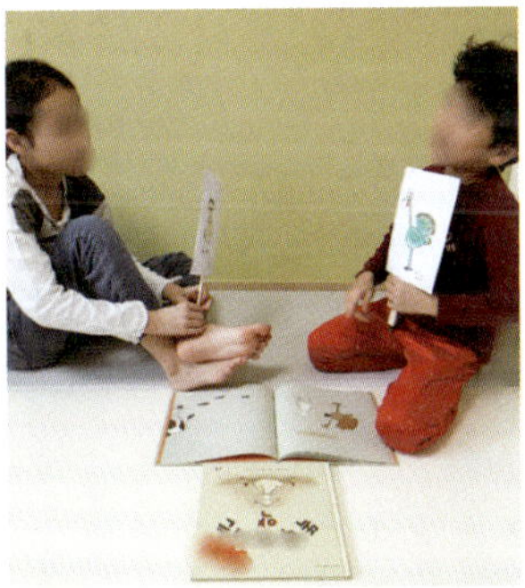

5. 정리 및 평가를 한다.

- 이야기 속 주인공이 되어 새로운 이야기를 만들어 보니 기분이 어떤가요?

수업메모

- 처음부터 이야기 만들기를 힘들어하는 아이들을 위해 칠칠이 역할을 교사가 먼저 할 수 있다.

초등 책 10

『똥방패』

이정록 글, 강경수 그림, 창비, 2015

활동명 친구를 지켜라!

활동 대상 초등 저 **활동 시간** 40분

활동 목표

- 백합긴가슴잎벌레 곤충의 특징을 안다.
- 친구와 협동하여 규칙을 지키며 놀이에 참여할 수 있다.

활동 자료

그림책, 백합긴사슴잎벌레 사진, '친구를 지켜라' 교구(똥방패, 뿅뿅이, 작은 바구니, 애벌레 상자), 색 테이프

활동 방법

1. 표지를 탐색하며 이야기를 나눈다.
 - 방패란 어떨 때 쓰는 것인가요?

2. 그림책을 감상한다.
 1) 등장인물의 특징이나 상황을 살려 읽는다.
 2) 동작을 곁들여 리듬감 있게 읽는다.
 3) 다음 장면의 내용을 예측해 본다.

3. 백합긴가슴잎벌레에 대해 알아본다.
 - (사진을 보여주며) 똥벌레가 바로 백합긴가슴잎벌레에요.

4. '친구를 지켜라' 놀이를 한다.

1) 바닥에 빨간색과 초록색 테이프를 반원 모양으로 붙인다.
2) 초록색 반원 안에 애벌레 상자를 놓아둔다.
3) 두 팀으로 나눠 똥방패 팀은 초록색 반원 안에, 곤줄박이 팀은 빨간색 반원 밖에 선다.
4) 각 팀별로 체조를 한다.
   - 똥방패 팀 체조 시~작! "막기! 막기! 오른쪽! 왼쪽! 막기! 막기! 위! 아래!"
   - 곤줄박이 팀 체조 시~작! "펄럭펄럭! 호이호이! 펄럭펄럭! 호이호이!"
5) 곤줄박이 팀은 뽕뽕이를 상자로 던지고, 똥방패 팀은 뽕뽕이가 들어가지 않도록 막는다.
6) 팀을 바꾸어 게임을 다시 진행한다.

5. 정리 및 평가를 한다.

- 오늘 곤충에 대해 새롭게 알게 된 것은 무엇인가요?
- 똥방패로 뽕뽕이를 막으면서 애벌레 친구를 도와줄 때 기분이 어땠나요?

수업메모

- 교사는 아동들에게 게임의 승패보다 친구를 도와준 행동에 대한 칭찬으로 격려해 준다.
- '친구를 지켜라' 놀이 시 곤줄박이 팀의 던지기와 똥방패 팀의 막기가 어떤 의미인지에 대해 충분히 이야기를 나눈 후 놀이를 진행한다.

초등 책 11

『북극곰이 녹아요』

박종진 글, 이주미 그림, 키즈엠, 2017

활동명 북극곰이 녹아요

활동 대상 초등 중 **활동 시간** 40분

활동 목표

- 지구 온난화 문제에 대해 관심을 갖는다.
- 지구 온난화를 막기 위해 우리가 할 수 있는 일들을 말할 수 있다.

활동 자료

그림책, 션 요로 작품 사진, 북극곰 지키기 퍼즐, 빙하용 매트(북극곰이 그려진 도화지나 EVA)

활동 방법

1. 션 요로의 작품 사진을 보며 이야기를 나눈다.
 - 이 그림은 어디에 그려진 그림일까요?

2. 그림책을 감상한다.
 1) 제목을 가리고 이야기를 나눈다.
 2) 인터뷰를 하듯이 대화체를 만들어서 읽는다.
 3) 상황을 살려 긴장감 있게 읽는다.

3. '북극곰을 지켜라!' 퍼즐 맞추기를 한다.
 1) 지구 온난화를 막기 위해 우리가 할 수 있는 것이 무엇인지 이야기를 나눈다.
 2) 흩어져 있는 퍼즐 조각에서 지구 온난화를 막는 데 도움이 되는 일이 적힌 퍼즐을 찾는다.
 3) 찾은 퍼즐을 맞추면 뒤판에 북극곰 사진이 완성된다.

4. '빙하를 지켜라, 쿵쿵따!' 게임을 한다.

1) 빙하용 매트 위에 앉는다.
2) 지구 온난화를 막기 위해 지켜야 할 일들을 '쿵쿵따' 리듬에 맞추어 순서대로 이야기한다.
3) 중간에 멈추거나 대답을 못하면 빙하 조각을 하나씩 제거한다.
4) 전체 인원이 지켜야 할 일들을 모두 말하면 빙하를 지켜낼 수 있다.

5. 정리 및 평가를 한다.

- 지구 온난화를 막기 위해 우리가 시작할 수 있는 것들은 무엇이 있을까요?

수업메모

- '빙하를 지켜라, 쿵쿵따!' 게임 시 시작 방향을 앞에서 뒤로, 뒤에서 앞으로 순으로 바꾸어 모든 아동들이 게임에 지속적으로 참여하게끔 유도한다.

초등 책 12

『빠작이의 변신』

이송은 글, 조영아 그림, 국민서관, 2016

활동명 종이컵 올림픽

활동 대상 초등 저 **활동 시간** 40분

활동 목표

- 일회용 물품의 쓸모와 재활용에 대해 생각해 볼 수 있다.
- 컵을 이용해 다양한 신체 놀이를 할 수 있다.

활동 자료

그림책, 재활용품(휴지 갑, 종이컵, 비닐 등), 종이컵, 마스킹 테이프, 고무 밴드, 털실

활동 방법

1. 여러 가지 재활용품을 탐색한다.
 - 휴지 갑이나 종이컵, 이런 것들을 다 쓰고 나면 어떻게 하나요?

2. 그림책을 감상한다.
 1) 표지를 보며 제목에 대해 이야기를 나눈다.
 2) 재활용품의 크기와 느낌에 따라 목소리 설정을 달리하여 읽는다.
 3) 재활용품이 다른 용도로 변신하는 부분의 그림을 짚어가며 읽는다.

3. 쓰고 난 종이컵의 재활용에 대하여 이야기를 나눈다.
 - 쓰고 난 종이컵을 어떻게 재활용하면 좋을까요?

4. '종이컵 운동회'를 한다.

1) 종이컵을 활용한 다양한 신체놀이를 한다.

① 모종 덮어주기 ② 종이컵 볼링 ③ 종이컵 피라미드

5. 정리 및 평가를 한다.

- 재활용품이 나오는 그림책도 보고 놀이도 했는데, 재활용품에 대해 새롭게 알게 된 게 있나요?
- 재활용품을 활용해 놀이를 하면 어떤 점이 좋을까요?

수업메모

• 운동경기의 경쟁이 과열될 수 있으므로, 두 팀이 힘을 합쳐 일정 점수가 넘으면 작품 속 준이에게 튼튼 건강 센터 회원권을 획득하는 구조로 공동의 목표로 설정하는 것이 바람직하다.

초등 책 13

『새 친구가 이사 왔어요』

레아 골드버그 글, 슈무엘 카츠 그림,박미영 옮김, 랜덤하우스코리아, 2008

활동명 방을 빌려드립니다!

활동 대상 초등 저 **활동 시간** 40분

활동 목표

- 이웃과 사이좋게 지내기 위한 방법을 안다.
- 친구와 협력하여 극놀이를 할 수 있다.

활동 자료

동화책, 동극용 목걸이(등장인물 컷), '방을 빌려드립니다' 알림문

활동 방법

1. '방을 빌려드립니다' 알림 글에 대한 이야기를 나눈다.
 - 이런 글을 본 적이 있나요?

2. 동화책을 감상한다.
 1) 반복되는 대사는 함께 읽는다.
 2) 문장 끝의 억양에 변화를 주며 읽는다.

3. 역할극을 함께 만든다.
 1) 역할을 정하고 역할에 어울리는 동작과 대사를 만들어 본다.
 ① 해설(교사)
 ② 효과음 : 띵동~ (모두 함께)

③ 이웃 : 암탉, 뻐꾸기, 검은 고양이, 다람쥐
방만 보고 간 손님 : 개미, 토끼, 돼지, 꾀꼬리

〈이웃〉	〈방만 보고 간 손님〉
"방이 마음에 드세요?"	"네."
"부엌이 마음에 드세요?"	"네."
"그럼 이 집에 살 건가요?"	"아니요."
"왜죠?"	"이웃이 마음에 들지 않아요."

④ 이웃 : 암탉, 뻐꾸기, 검은 고양이, 다람쥐 / 이사 온 비둘기

〈이웃〉	〈이사 온 비둘기〉
"방이 마음에 드세요?"	"아니요."
"부엌이 마음에 드세요?"	"아니요."
"그럼 이 집에 살 건가요?"	"네."
"왜죠?"	"이웃이 마음에 들어요."

4. 정리 및 평가를 한다.

- 이 동화를 통해 알 수 있는 좋은 이웃이 되기 위한 조건은 무엇인가요?
- 그림책을 역할극으로 표현해 보니 어땠나요?

수업메모

- 동극에 참여하지 않는 아동은 스텝 또는 효과음 팀, 해님, 달님 등 역할을 주어 모두가 참여할 수 있도록 한다.
- 의자를 활용하여 1층~5층 공간 설정을 할 수 있다.
- 동극의 시작과 끝부분에서 시그널 음악을 사용하면 더욱 효과적이다.

초등 책 14

『색깔 손님』

안트예 담 글 · 그림, 유혜자 옮김, 한울림어린이, 2015

활동명 마음 실은 종이비행기

활동 대상 초등 저　　**활동 시간** 40분

활동 목표

- 이웃에 대해 관심을 갖고 이웃에게 위로가 되는 말을 할 수 있다.

활동 자료

그림책, A4 색지, 우드락 창문교구, 사인펜, 필기도구

활동 방법

1. 종이비행기에 대해 이야기를 나눈다.
   - 종이비행기를 접어서 날려 본 적 있나요?

2. 그림책을 감상한다.
   1) 그림책 표지와 면지를 탐색한다.
   2) 그림책 속 인물의 기분과 상황을 살펴가며 읽는다.
   3) 그림책 내용을 회상하며 이야기를 나눈다.

3. '마음 실은 종이비행기' 날리기를 한다.
   1) 우리 주변에서 '색깔 손님'이 필요한 이웃을 알아본다.
   2) 이웃에게 해 주고 싶은 말을 종이비행기에 적는다.
   3) 열린 창문을 향해 종이비행기를 날린다.
   4) 종이비행기에 적은 내용을 발표한다.

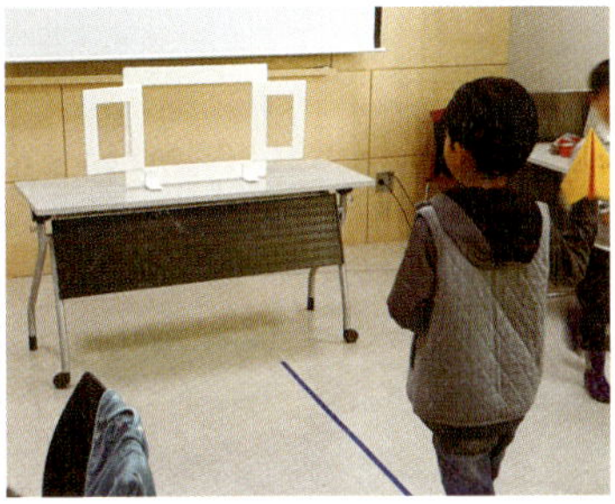

4. 정리 및 평가를 한다.

- 이웃이 힘들어할 때 어떤 방법으로 이웃을 위로할 수 있나요?
- 이웃에게 쓴 말들 중에서 가장 기억에 남는 말은 무엇인가요?

확장 활동 1 알록달록 창문 꾸미기

① 우드락 창문을 색종이로 꾸민다.

② 창문에서 기념촬영을 한다.

수업메모

- 수업을 시작하기 전에 미리 교실 바닥에 색 테이프로 종이비행기를 던지는 위치를 표시해 붙여놓는다.

초등 책 15

『신기한 씨앗 가게』

미야니시 타츠야 글 · 그림, 김수희 옮김, 미래아이, 2016

활동명 신통방통 씨앗씨앗

활동 대상 초등 저　　**활동 시간** 40분

활동 목표

• 자신의 생각을 담아 신기한 씨앗 나무를 꾸밀 수 있다.

활동 자료

그림책, '씨앗 팝업북' 재료(초록색 A4 색지, 갈색 A4 색지, 하트 스티커), 색연필, 풀, 가위

활동 방법

1. 신기한 씨앗에 대한 이야기를 나눈다.

- 신기한 씨앗이란 어떤 씨앗일까요?

2. 그림책을 감상한다.

1) 반복되는 주문은 아이들과 동작을 만들어보고 동작과 함께 읽는다.

2) 씨앗이 나무로 자라날 때, 어떤 열매가 열릴지 상상하며 이야기를 나눈다.

- 새하얗고 차가운 씨앗은 자라서 어떤 열매가 열릴까요?

3) 뒷이야기를 예측해 본다.

- 늑대는 꼬마돼지를 꿀꺽 삼키려고 했어요. 어떻게 되었을까요?

3. 씨앗 팝업북 만들기를 한다.

1) 나만의 신기한 씨앗 나무를 꾸민다.

- 나의 신기한 씨앗에서는 어떤 열매가 열리면 좋겠는지 상상해 보아요.

2) 재미있는 주문과 함께 신기한 씨앗을 소개한다.

4. 정리 및 평가를 한다.

- 나만의 신기한 씨앗을 상상했을 때 기분이 어땠나요?
- 친구들의 신기한 씨앗나무 중에 기억에 남는 나무가 있었나요?

수업메모

• 신기한 씨앗 주문을 함께 만들 때 교사가 예를 들어주거나 여러 아동의 의견을 수렴하여 완성한다.

초등 책 16

『우리는 친구』

앤서니 브라운 글 · 그림, 장미란 옮김, 웅진주니어, 2008

활동명 우리는 친구

활동 대상 초등 저　　**활동 시간** 40분

활동 목표

- 진정한 우정이 무엇인지를 깨닫고, 친구와 협력하여 게임을 할 수 있다.

활동 자료

그림책, 훌라후프, 종이컵(모둠 당 10개), 칼라 고무줄, 털실

활동 방법

1. 익숙한 곡조에 친구와 관련된 가사를 붙여 노래를 부른다.
   - ♬ 친구야, 나는 너를 사랑해

2. 그림책을 감상한다.
   1) 그림을 단서로 등장인물의 정서를 이해하며 읽는다.
      ① 그림책 표지를 탐색한다.
      ② 그림을 보며 이야기를 만들어 본다.
      ③ 동작을 곁들여 아동과 함께 읽는다.
      ④ 다음 장면을 예측해 본다.
   2) 그림책 내용을 회상하며 이야기를 나눈다.
      - 예쁜이는 왜 자기가 텔레비전을 부수었다고 말했을까요?

3. '우리는 친구!' 놀이를 한다.

1) 모둠별로 협력하여 훌라후프 통과하기 놀이를 한다.
   ① 모둠원들이 손을 잡고 옆으로 나란히 줄을 선다.
   ② 첫 친구부터 마지막 친구까지 손을 떼지 않고 훌라후프를 통과시킨다.
2) 모둠별로 협력하여 종이컵 쌓기 놀이를 한다.

4. 정리 및 평가를 한다.

- 친구들과 팀을 이루어 훌라후프를 마지막까지 통과시켰을 때 어떤 기분이 들었나요?
- 진정한 친구란 어떤 친구를 말하는 것일까요?

수업메모

- 팀을 나누지 않고, 한 팀으로 시간을 얼마나 단축시킬 수 있는지 시간을 재어 볼 수도 있다.
- 컵을 빨리 쌓기보다는 천천히 협력하여 쌓을 수 있도록 조력하는 것이 좋다.

초등 책 17

『으라차차 큰 일꾼』

정해왕 글, 이승현 그림, 국민서관, 2015

활동명 으라차차, 큰 일꾼!

활동 대상 초등 저 **활동 시간** 40분

활동 목표

• 나의 장점을 알고 글로 표현할 수 있다.

활동 자료

그림책, 새싹 모양 종이, 황토색 8절 색지, 필기도구

활동 방법

1. '일꾼'에 대해 이야기를 나눈다.
 - 일꾼이란 말을 들어본 적이 있나요?

2. 그림책을 감상한다.
 1) 그림책 표지를 탐색한다.
  - '으라차차!'라는 말은 어떨 때 사용할까요?
 2) 면지의 그림을 탐색한다.
 3) 그림책 속 상황을 주고받으며 읽는다.
  - 씨름판에서 총각이 힘이 나게 응원을 해 볼까요?
 4) 뒤 면지와 앞 면지 그림을 비교해 본다.

3. 그림책 내용을 회상하며 OX 퀴즈를 한다.
 - 총각은 원래 부지런히 농사일을 하였다. (O, X)

4. '나도 큰 일꾼!' 새싹 심기를 한다.

1) 자신이 할 수 있는, 작지만 소중한 일들을 새싹 모양 종이에 적어본다.
2) 황토색 색지에 새싹을 붙인다.
3) 모둠별로 나와서 차례대로 자신의 새싹을 발표하고 모두가 소리 내어 함께 말한다.
   - 머리 잘 묶는 김예나, 으라차차! 큰 일꾼!
4) 각 모둠이 완성한 색지를 모아서 전시한다.

5. 정리 및 평가를 한다.

- 다시 생각하거나 발견한 나의 장점이 있나요?
- 나의 작은 장점을 친구들이 격려해 주었을 때 기분이 어땠나요?

수업메모

- 자신이 잘하는 것을 몸으로 표현하고, 다른 아동들이 그것을 맞혀보는 것도 즐거운 발표방법이 될 수 있다.

초등 책 18

『점』

피터 레이놀즈 글 · 그림, 김지효 옮김, 문학동네, 2003

활동명 하나의 점, 백가지 그림

활동 대상 초등 저

활동 시간 40분

활동 목표

- 주어진 점을 활용해 확장된 그림을 그릴 수 있다.
- 서로의 작품을 감상하고 느낌을 나눌 수 있다.

활동 자료

그림책, 다양한 점 표상(평면, 부조, 타공 등), A4용지, 색연필, 사인펜, 접착 메모지

활동 방법

1. 그림 그리기에 대한 평소의 생각 나누기를 한다.
 - 여러분은 그림 그리기를 좋아하나요?

2. 그림책을 감상한다.
 1) (제목을 가린 채) 표지를 보며 제목을 상상해 본다.
 2) 주인공의 정서를 추측해 본다.

3. 점을 이용하여 그림 그리기를 한다.
 1) 다양한 시각에서 생겨난 점 표상을 탐색한다.
 2) 주어진 점을 이용해 '나만의 점 그림'을 그린다.

4. 그림을 전시하고 친구의 작품에 제목을 붙여준다.

5. 정리 및 평가를 한다.

- 똑같은 점으로 다양한 그림이 나오는 것을 보니 무엇을 알 수 있었나요?

확장 활동 1 점점 점묘화

① 기성작가의 점묘화 그림을 감상한다.

② 점 스티커를 활용하여 작품을 완성해 본다.

③ 전시된 친구의 작품에 제목 붙이기 활동을 한다.

수업메모

- 아동들의 '점' 관련 활동의 선행경험 여부에 따라 주어진 점 하나로 하는 활동과 점 스티커를 활용한 점표화 중에서 선택하여 진행할 수 있다.

초등 책 19

『차다 차다 차다』

이송은 글, 한주형 그림, 국민서관, 2016

활동명 차다, 차다. 무슨 차다?

활동 대상 초등 저 **활동 시간** 40분

활동 목표

- 글자는 같으나 뜻이 다른 단어를 찾아볼 수 있다.
- 주어진 상황을 동작으로 표현할 수 있다.

활동 자료

그림책, 동음이의어 문장 카드('차다'), 그림 및 문장 카드('타다'), 융판(또는 칠판)

활동 방법

1. '배' 라는 글씨를 보며 '배'의 여러 가지 뜻에 대하여 이야기 나눈다.
   - '배'에는 여러 가지 뜻이 있대요. 어떤 게 있는지 말해볼까요?
   - 여러 가지 뜻의 '배'를 동작으로 표현해 볼까요?

2. 그림책을 감상한다.
   1) 표지의 그림을 탐색한다.
   2) 택배 상자 속 편지는 다른 부분과 구별되게 낭독한다.
   3) 내용 중 '차다'가 나올 때마다 해당하는 문장카드를 제시하며 강조하여 함께 읽는다.
      - 공을 차다, 주스가 차다

3. 그림책 속에 나왔던 '차다'의 상황을 몸으로 표현하고 맞혀 본다.
   - 지금부터 동작을 보고 어떤 '차다'인지 맞혀 볼까요?

4. '타다' 동작 퀴즈 놀이를 한다.

1) 먼저 '타다' 카드의 그림을 보고 모두 함께 이야기를 나눈다.
(예 산을 타다 / 자동차를 타다…)

2) 한사람이 나와서 '타다' 카드를 뽑은 후 몸으로만 표현을 하고 다른 친구들은 정답을 말한다.

5. 정리 및 평가를 한다.

- 오늘 나온 단어들 중, 새롭게 알게 된 다른 뜻이 있었나요?
- 단어를 동작으로 표현할 때 어떤 점이 어려웠나요?

수업메모

- 아동들이 낱말에 대한 생각이 열리기까지 교사가 시범을 보여 연상을 도울 필요가 있다.
- 집단의 문해 수준에 따라 카드의 그림을 생략할 수 있다.
- 동음이의어('배')를 동작으로 표현하며, 간단한 운율과 함께 말놀이를 해 볼 수도 있다.

초등 책 20

『친구를 모두 잃어버리는 방법』

냰시 칼슨 글 · 그림, 신형건 옮김, 보물창고, 2007

활동명 친구? 친구!

활동 대상
초등 저

활동 시간
40분

활동 목표
- 친구들이 싫어하는 행동이 무엇인지 안다.
- 친구와 사이좋게 지내는 방법을 말할 수 있다.

활동 자료
그림책, 큰 나무 도안 2개(4절 도화지 2장), 사인펜, 접착 메모지

활동 방법
1. 표지에 있는 인물의 감정을 탐색하며 이야기를 나눈다.
   - 이 친구의 기분이 어떤 것 같나요?

2. 그림책을 감상한다.
   1) 책의 내용을 자신의 경험과 연관시켜 이야기를 나눈다.
   2) 책 내용이 역설적으로 말하고자 하는 바에 대해 알아본다.
      - 친구를 얻는 방법은 어떤 것이 있을까요?

3. '친구를 잃어버리는 나무' vs '친구를 얻는 나무' 꾸미기를 한다.
   - 친구를 잃어버리게 되는 경우는 어떤 때인지, 접착 메모지에 써서 나무에 붙여 볼까요?
   - 이번에는 친구를 얻으려면 어떻게 해야 하는지, 또 다른 나무에다 붙여 볼까요?

4. 정리 및 평가를 한다.

- 친구를 잃어버리는 나무에 있는 내용 중에 가장 기분이 나쁠 것 같은 내용은 무엇인가요?
- 친구를 얻는 나무에 있는 내용 중에 친구가 가장 좋아할 것 같은 내용은 무엇인가요?

확장 활동 1 우정이 자라는 나무

1) 친구를 얻는 나무에 붙은 내용 중 마음에 드는 내용을 적거나 붙여서 '우정이 자라는 나무'를 만든다.

① 긴 직사각형의 갈색 골판지를 원통형으로 붙인 후 마주 보는 위치 두 군데에 위에서 아래로 1cm씩 칼집을 낸다.

② 초록 색지로 나무 본체를 만들어 칼집 낸 원기둥에 끼운다.

수업메모

- 접착 메모지의 색상을 달리해서 '친구를 잃어버리는 방법'과 '친구가 많아지는 방법'을 구분할 수도 있다.

초등 책 21

『콧구멍만 바쁘다』

이정록 동시집, 권문희 그림, 창비, 2009

활동명 나도 시인!

활동 대상 초등 저   활동 시간 40분

활동 목표

- 제시된 글자로 끝나는 단어와 문장을 말할 수 있다.
- 동시 작가가 되어 자신의 생각을 글로 표현할 수 있다.

활동 자료

동시책, 동시판, 접착 메모지, 조각 종이(글자 쓸 종이), A4 색지, 띠 모양의 종이, 가위, 풀, 필기도구

활동 방법

1. 조각 종이에 이름과 단어를 적는다.

1) 자신의 이름을 종이에 쓴다.

2) 제시된 글자로 끝나는 단어를 찾아 말한다.

- '리리 리자로 끝나는 말'은?
- 동물 이름 중에 '지지 지자로 끝나는 말'은?

3) 한 글자로 된 사물 이름이나 동물 이름을 찾아 쓴다.

2. 「사라진 이름」 동시를 감상한다.

1) 부분적으로 내용을 가린 동시판으로 동시를 감상한다.
2) 아동 이름을 넣어 1연을 읽어 본다.
3) 준비 활동 시 작성한 조각 종이를 동시에 대입해 읽어 본다.

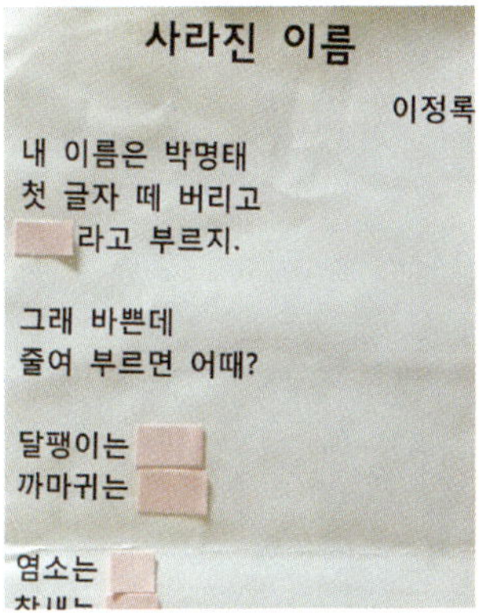

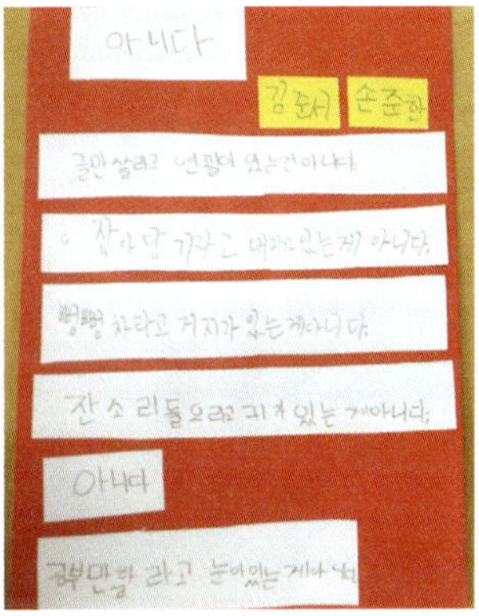

3. 「아니다」 동시를 감상한다.

1) 반복되는 구절을 함께 소리 내어 읽으며 동시를 감상한다.
2) 나만의 「아니다」 동시를 지어 보고, 친구와 협동 동시 짓기를 한다.

4. 정리 및 평가를 한다.

- 동시 '사라진 이름'에서 어떤 부분이 재미있었나요?
- 나의 생각을 '아니다' 시로 쓸 때 기분이 어땠나요?

수업메모

- 글자 쓰기를 힘들어하는 아동의 경우, 아동이 한 말을 교사가 써 주고 아동이 그것을 보고 따라 쓰도록 한다.

초등 책 22

『털보 아저씨의 행복 우산』

이송은 글, 배욱찬 그림, 국민서관, 2016

활동명 행복 담은 포물선

활동 대상 초등 저 **활동 시간** 80분(2차시)

활동 목표

- 교실 및 생활 주변에서 여러 가지 물건을 관찰하며 포물선 모양을 찾을 수 있다.
- 포물선을 조합하여 다양한 모양을 만들 수 있다.
- 이웃을 위해 할 수 있는 일을 생각해 보고 이야기를 나눌 수 있다.

활동 자료

그림책, 빨간 포물선이 그려진 손 코팅지 조각(1인당 2개), 동네 건물 및 조형물 사진, 접착 메모지, 필기도구

활동 방법

1. 포물선의 모양을 탐색한다.

- 두 점을 똑바로 연결하면 직선이라고 하는데, 두 점을 둥글게 연결하면 이 선을 무엇이라고 할까요?

2. 그림책을 감상한다.

1) 앞표지를 탐색한다.

2) 그림책 속 우산 나누기에 대해 이야기를 나눈다.

- 털보아저씨의 나눔은 이웃에게 어떤 영향을 주었나요?

3) 우리 주변에서도 비슷한 나눔의 사례가 있는지 이야기를 나눈다.

4) '행복선'(책 속의 포물선)을 찾아보며 그림책을 한 번 더 감상한다.

3. 교실에서 포물선을 찾아본다.

4. 동네 건물 및 조형물 사진 속에 숨어 있는 포물선을 찾아보고 이야기를 나눈다.

5. 포물선으로 조형놀이를 한다.

1) 포물선 필름 조각 2개로 자유롭게 조형을 해 본다.
2) 인원수를 늘려가며 포물선을 모아 협동 조형을 한다.
3) 개별 및 협동 포물선 작품을 감상한다.
4) 감상 소감이나 작품 제목을 접착 메모지에 적어서 붙여준다.

6. 정리 및 평가를 한다.

- 포물선으로 표현한 것 중에서 가장 기억에 남는 모양은 무엇인가요?
- 포물선으로 혼자 모양을 만들 때와 친구들과 함께 모양을 만들 때를 비교해 봤을 때 어떤 점이 달랐나요?
- 나는 이웃을 위해 어떤 것을 나눌(할/배려할) 수 있을지 생각해 볼까요?

수업메모

- 동네 배경 사진을 준비할 때, 포물선을 찾을 수 있는 사진으로 준비한다.
- 인성교육의 주요 요소인 '나눔'과 '배려'를 주제로 활동할 수 있다.

초등 책 23

『길로 길로 가다가』

권정생 글, 한병호 그림, 한울림어린이, 2018

활동명 줄줄이 말놀이

활동 대상 초등 저 · 중 **활동 시간** 40분

활동 목표

- 전래동요의 반복적인 리듬과 운율을 느끼고 따라 부를 수 있다.
- 주고받는 말놀이의 특징을 살려 노랫말을 바꿔 부를 수 있다.

활동 자료

그림책, 노래 가사판, 주령구, 활동지, 필기도구

활동 방법

1. 우연히 주운 물건의 쓰임에 대해 이야기를 나눈다.
   - 길을 가다가 병뚜껑을 주웠는데 이것으로 무엇을 하면 좋을까요?

2. 그림책을 감상한다.
   1) 등장인물의 대화를 첨가하여 읽는다.
   2) 운율을 곁들여 읽는다.

3. 전래동요의 특징에 대해 알고 따라 부른다.
   1) 전래동요를 감상한다.
   2) 두 팀으로 나누어 “메기고 받기” 형식으로 부른다.
      ① 각 팀에서 한 명씩 나와 노랫말을 넘기면 팀원들은 노래를 주고받으며 부른다.
      ② 손뼉으로 박자를 맞추면서 노래를 부른다.

4. 말 잇기 놀이를 한다.

1) 다 함께 주어진 한 단어로 말 잇기 놀이를 해 본다.
2) 두 팀으로 나눈 후, 주령구를 던져 첫 단어를 결정한다.
3) 첫 단어를 시작으로 말 잇기 놀이를 하고 활동지를 작성한다.
4) 팀별로 지은 연작시를 가락에 맞춰 불러 본다.

5. 정리 및 평가를 한다.

- 주령구를 이용해서 말 잇기 놀이를 해보니 어땠나요?
- 민요 가락에 맞춰 창작한 글을 노래할 때 어려운 점은 없었나요?

수업메모

- 이 전래동요는 경북 안동, 칠곡, 포항, 경산 등에서 주로 전승되고 있다. 길을 가다가 돈 한 푼 줍는 내용, 바늘 하나 줍는 내용, 계란 하나 줍는 내용 등 다양한 내용으로 전승되고 있다.
- 초등학교 1학년 교과서에는 못을 하나 줍는 내용으로 실려 있다.

초등 책 24

『돌부처와 비단장수』

박지윤 글 · 그림, 고래뱃속, 2015

활동명 주거니 받거니 장터놀이

활동 대상 초등 저 · 중 **활동 시간** 40분

활동 목표

- 전래동요를 부르며 즐겁게 놀이에 참여할 수 있다.
- 구체물을 이용하여 다섯 개씩 묶어 세기를 할 수 있다.
- 옛날 물건들을 살펴보고 그 가치를 안다.

활동 자료

그림책, 비단 조각 천, '옛날 장터놀이' 교구(목걸이 이름표, 장사 품목 그림 컷, 융판, 깃발, 시세판, 정산판, 엽전)

활동 방법

1. '비단'에 대해 이야기를 나누고 탐색한다.
- 비단이 무엇일까요?

2. 그림책을 감상한다.
1) 표지의 그림과 제목을 탐색한다.
2) 대상 청중을 고려하여, 필요에 따라 등장인물의 호칭을 바꾸어 읽는다. (예 바보 -> 아들)
3) 사투리의 억양과 리듬을 살려 읽는다.

3. 옛날 장터놀이를 한다.
1) 옛날 물건을 살펴보고, 사고파는 장소와 방법에 대해 이야기를 나눈다.

2) 두 팀으로 나누어 노래를 부르며 물건 주고받기를 한다.

- ♪우리 집에 왜 왔니? … 가위, 바위, 보!

3) 정해진 횟수가 되면, 신호음과 함께 "장사 끝!"이라고 외친다.

(예 각 팀 5번씩 10회로 미리 정한다.)

4. 정산판으로 계산을 한다.

1) 팀별로 물건 품목을 늘어놓고 시세표를 확인해 엽전을 정산판 위에 놓는다.

2) 5개씩 묶어 세기를 하며, 두 팀의 엽전 수를 비교한다.

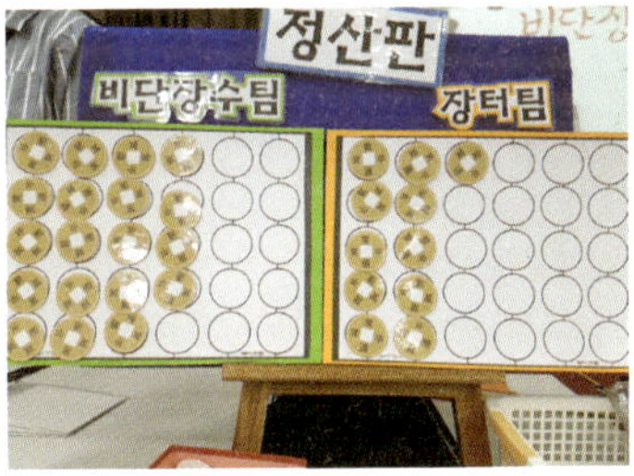

5. 정리 및 평가를 한다.

- 돌부처한테 비단을 판 이유는 무엇이었나요?
- 정산판으로 묶음 계산을 하며 무엇을 알 수 있었나요?

수업메모

- 물건의 값이 매겨지는 기준이나, 달라지는 이유에 대해서 이야기를 나누어 볼 수 있다.

초등 책 25

『마법의 나무 보자비』

다이앤 호프마이어 글, 피에트 그로블러 그림, 최영옥 옮김, 여유당, 2013

활동명 마법의 나무 이름, OOO!

활동 대상 초등 저 · 중 **활동 시간** 80분

활동 목표

• 상대방의 소리를 주의 깊게 듣고, 들은 내용을 정확하게 전할 수 있다.

활동 자료

그림책, 가로세로 낱말 퀴즈 활동지, 아프리카 대륙 지도, 글자 카드, 메모지, 필기도구, 종이 나팔, 투명테이프

활동 방법

1. 그림책 표지를 탐색한다.
 - 사자와 뱀이 무엇을 하고 있는 것 같나요? 무슨 말을 하는 걸까요?

2. 그림책을 감상한다.
 1) 그림책 원문 구절로 개사하여 다함께 노래를 부른다.
  - ♬ 너를 위한 보자비, 나를 위한 보자비
 2) 그림책의 내용을 회상한다.

3. 마법의 나무 이름 짓기를 한다.
 1) 팀을 나누어 가로세로 낱말 퀴즈를 푼다.
 2) 팀별로 마법의 나무를 선물할 아프리카 대륙의 나라를 정한다.

3) 먼저 성공한 팀부터 각각 대표가 글자 3개를 뽑아서 마법의 나무 이름을 짓는다.
4) 한 팀씩 나와 종이 나팔을 이용해 나무 이름 전달 릴레이를 한다.
5) 릴레이의 마지막 팀원이 나무 이름을 맞히면 나무 이름을 적은 종이를 팀이 원하는 아프리카 대륙 지도에 있는 나라에 붙인다.

4. 정리 및 평가를 한다.

- 나팔로 나무 이름을 잘 전달하려면 어떻게 해야 했나요?

수업메모

- 나무 이름 전달하기 활동을 할 때 너무 큰소리로 전달하지 않도록 하고, 기다리는 아동은 전달하는 친구에게 방해가 되지 않도록 한다.

초등 책 26

『말놀이 동시집 2』

최승호 시, 윤정주 그림, 비룡소, 2006

활동명 시와 이야기를 만들어요

활동 대상 초등 저 · 중 **활동 시간** 80분(2차시)

활동 목표

• 특정 글자로 시작하는 단어로 문장을 만들 수 있다.
• 친구와 협동하여 즉흥 이야기를 만들 수 있다.

활동 자료

동시집, 접착 메모지, 동음이의어 단어카드(말, 눈, 밤 등), 신문지, 필기도구

활동 방법

1. '다'자로 시작하는 말을 찾아 접착 메모지에 적어본다.
 - '다'자로 시작하는 단어를 접착 메모지 한 장에 하나씩 최대한 여러 단어를 적어 볼까요?

2. 말놀이 동시를 감상한다.

3. '활동방법 1'의 결과물을 연결하여 짧은 문장을 만든다.

4. 동음이의어로 이루어진 단어를 생각해 보고, 그 단어로 문장을 만들어 본다.

5. 신문지에 인쇄된 글자와 그림을 오려 조합하여 이야기를 만들어 본다.

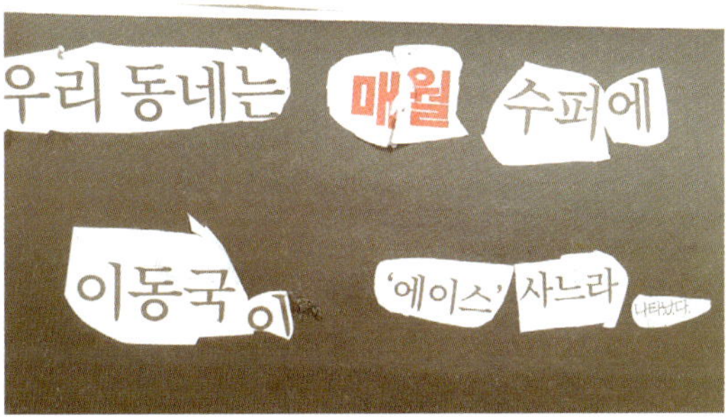

6. 정리 및 평가를 한다.
- 단어를 조합하여 문장을 만들면서 새롭게 알게 된 것이 있나요?
- 신문지에서 글자를 찾아 문장을 만들어보니 글씨를 써서 문장을 만드는 것과는 어떤 점이 달랐나요.

수업메모

• 동시 부분과 신문지로 이야기 만들기는 2차시에 걸쳐 나누어 진행하는 것이 좋다.

초등 책 27

『민들레는 민들레』

김장성 글, 오현경 그림, 이야기꽃, 2014

활동명 언제든지 민들레

활동 대상 초등 저 · 중　　**활동 시간** 80분(2차시)

활동 목표

- 다양한 민들레를 보며 느낌과 생각을 말과 글로 표현할 수 있다.
- 그림책 내용을 노래로 부르며 친구와 협동하여 손뼉 치기를 할 수 있다.
- '나'의 소중함을 알고 서로를 이해할 수 있다.

활동 자료

그림책, 민들레 사진 여러 장, 접착 메모지, '나만의 민들레' 재료(노란색 접착 메모지 또는 A4용지 1/2, 연두색 A4 색지), 필기도구, 사인펜

활동 방법

1. 꽃 이름을 알아맞혀 본다.
   - (뒤 면지 그림을 보여주며) 어떤 꽃을 그린 걸까요?

2. 그림책을 감상한다.
   1) 뒤표지와 앞표지의 그림을 탐색한다.
   2) 반복되는 구절은 함께 읽는다.

3. 그림책 속의 여러 가지 민들레를 회상하며 이야기를 나눈다.
   - 어떤 민들레가 가장 기억에 남나요?

4. 그림책의 내용을 익숙한 동요 음률에 맞춰 노래하듯 다시 감상한다.

5. 노래에 맞춰 짝꿍끼리 손뼉 치기를 한다.

6. 여러 가지 민들레 사진에 이름을 붙이거나 하고 싶은 말을 적는다.

1) 여러 가지 민들레 사진을 탐색한다.

2) 민들레 사진에 댓글 남기기 활동을 한다.

7. 나만의 민들레('내가 피운 민들레')를 완성한다.

1) 나만의 민들레를 그려본다.

2) 색지로 액자를 만든다.

3) 교실 공간에 내가 그린 민들레를 자유로이 붙인다.

8. 정리 및 평가를 한다.

- 우리가 피운 민들레 중에 어떤 게 가장 기억에 남나요?
- 다양한 모습의 민들레를 보고 어떤 생각이 들었나요?

수업메모

- 짝꿍끼리 손뼉 치기 연습할 시간을 충분히 준다.
- 활동 시 표현하는 방법은 글과 그림 등으로 자유롭게 표현하게 한다.
- 활동의 범위를 조정하여 1차시로 진행할 수 있다.

초등 책 28

『온 세상 국기가 펄럭펄럭』

서정훈 글, 김성희 그림, 웅진주니어, 2010

활동명 나라 비교 요술책 만들기

활동 대상 초등 저 · 중 **활동 시간** 40분

활동 목표

- 국기는 나라를 대표하는 상징이며 그 나라에 관한 정보가 담겨 있음을 안다.
- 각 나라 국기와 유니폼의 모양, 색, 무늬를 구별할 수 있다.

활동 자료

그림책, 축구 선수 및 관중석 사진, 국기 및 유니폼 그림 컷, 융판, 요술책 재료(8절 도화지, 국기 및 유니폼 그림 컷), 가위, 풀

활동 방법

1. 축구경기장의 선수와 관중 사진을 보며 국기의 상징성을 생각해 본다.
 - 이 사진들에서 공통적으로 보이는 것은 무엇인가요?

2. 그림책을 감상한다.
 1) 필요한 부분을 선정하여 주요 정보를 강조하면서 읽는다.
 2) 국기에 대한 인상 깊은 구절을 다 함께 읽는다.

3. 요술책 만들기를 한다.
 1) 네 나라의 국기와 유니폼 그림 컷을 탐색한다.

2) 요술책을 만든다.

① 8절 도화지 1장을 잘라 요술책을 만든다.

② 요술책에 국가명, 국기, 유니폼을 순서대로 쓰고 붙인다.

4. 정리 및 평가를 한다.

- 운동선수들의 유니폼에 그 나라 국기의 색과 무늬를 넣는 이유는 무엇일까요?

수업메모

- 1, 2차시로 나누어 국기에 대한 정보를 소재로 국기 골든 벨을 진행할 수 있다.
- 1학년들이 요술책 만들기를 어려워할 수 있으므로, 1학년 대집단 수업인 경우에는 요술책 바탕 틀을 미리 재단해 가는 게 필요하다.

초등 책 29

『내 마음 ㅅㅅㅎ』

김지영 글 · 그림, 사계절, 2021

활동명 내 마음을 맞혀봐!

활동 대상 초등 저 · 중 **활동 시간** 40분

활동 목표

- 주인공의 마음을 이해하며 글을 읽을 수 있다.
- 자음을 이용하여 나의 생각이나 느낌을 다양하게 표현할 수 있다.

활동 자료

그림책, 자음 카드, 화이트보드 세트, 순간 포착 PPT 자료

활동 방법

1. 오늘 나의 감정에 대해 이야기를 나눈다.
 - 오늘 기분이 어떤가요?

2. 그림책을 감상한다.
 1) 표지 그림을 보며 제목을 상상해 본다.
 2) 속 면지를 탐색한다.
 3) 주인공의 정서를 추측하며 읽는다.
 4) 자음의 변화에 대해 이야기를 나눈다.
  -'ㅅㅅㅎ' 의 'ㅅ'을 돌리니 'ㄴ'으로 변했어요.
 5) 책의 내용을 회상하며 이야기를 나눈다.

3. '순간 포착! ㅅㅅㅎ 마음 단어'를 맞혀본다.

1) 겹쳐 있는 글자를 보고 어떤 단어인지 화이트보드에 적는다.
2) 순식간에 지나가는 단어를 보고 화이트보드에 적는다.

4. '내 마음을 맞혀봐!' 초성 놀이를 한다.

1) 마음을 표현하는 단어를 세 글자 초성으로 적는다.
2) 친구가 제시하는 초성을 보고 어떤 단어인지 알아맞힌다.

5. 정리 및 평가를 한다.

- 주인공처럼 마음의 변화를 경험해 본 적이 있나요?
- 내 마음을 표현한 초성을 친구들이 맞혔을 때 기분이 어땠나요?

확장 활동 1 내 마음 타이포그래피

- '내 마음을 맞혀봐!' 활동에서 제시한 마음 표현 단어 꾸미기를 한다.

수업메모

- 독서 골든 벨처럼 단계별로 진행한다.
- '순간 포착! ㅅㅅㅎ 마음 단어' 맞히기 활동은 PPT 자료를 화면으로 제시하여 진행한다.

초등 책 30

『사소한 소원만 들어주는 두꺼비』

전금자 글 · 그림, 비룡소, 2017

활동명 소원이 딱!

활동 대상 초등 저 · 중 **활동 시간** 80분(2차시)

활동 목표

- 사소한 것과 사소하지 않은 것에 대해 이유를 들어 설명할 수 있다.
- 내가 이루고 싶은 것을 글과 그림으로 표현하고 말할 수 있다.

활동 자료

그림책, 세 고개 퀴즈 자료(사진, 단어), '딱 소리 책' 재료(표지, 속지, 고무줄), 필기도구, 풀

활동 방법

1. 사진과 단어로 제목과 관련한 세 고개 퀴즈를 풀어본다.
 - 이것은 무엇일까요?

2. 그림책을 감상한다.
 1) 표지를 보며 제목에 대해 이야기를 나눈다.
  - 사소하다는 게 무슨 뜻일까요?
 2) 이어질 내용을 추측해 본다.
 3) 그림책 내용을 회상하며 사소한 것과 사소하지 않은 것에 대해 이야기를 나눈다.

3. '딱 소리 책'을 만든다.

1) 두꺼비가 들어줄 만한 자신의 사소한 소원이 무엇인지 생각한다.
2) 속지에 자신의 소원을 글과 그림으로 표현하고 표지 안쪽에 붙인다.
3) 앞표지와 뒤표지를 꾸민다.
 (제목, 이름, 출판사, 책 소개, 바코드 등)

4. '딱 소리 책' 잡기 놀이를 하며 소원을 발표한다.

- '딱 소리' 책을 먼저 잡은 친구가 소원을 발표해 볼까요?

5. 정리 및 평가를 한다.

- 내가 이루고 싶은 소원으로 책을 만들고 발표해 보았는데 기분이 어떤가요?
- 사소한 것과 사소하지 않은 것의 기준은 무엇인 것 같나요?

수업메모

- 발표 순서에 대한 규칙은 '먼저 잡기', '높이 튀어 오른 책' 등으로 달리할 수 있다.
- 대집단 시, 책 만들기를 완성하기까지의 시간 편차를 고려하여 여분의 속지를 마련한다.

초등 책 31

『궁금쟁이 김 선비 우리 전통 과학에 쏙 빠졌네!』

서서연 글, 백명식 그림, 개암나무, 2015

활동명 전통 과학을 찾아 떠나는 팔도여행

활동 대상 초등 중 **활동 시간** 40분

활동 목표

• 자료를 바탕으로 각 지역마다 지역의 특색이 있는 발명품이 있음을 안다.

활동 자료

책, 우리나라 지도 퍼즐, 팔도 이름 카드, 발명품 그림카드, 퀴즈 문제, 팔도 전통과학 활동지, 발명품 스티커, 필기도구

활동 방법

1. 오늘날 우리 생활을 편리하게 해주는 물건을 찾아본다.
 - 도미노 손뼉을 치는데 걸리는 시간을 재려면 무엇이 필요할까요?

2. 책을 감상한다.
 1) 우리나라 팔도의 명칭을 알아본다.
 2) 전통과학에 대한 주요 내용을 중심으로 이야기를 요약해서 감상한다.
 3) 운율을 살려 손뼉 치기를 하며 각 지역과 전통과학 발명품을 연관 지어 말한다.

3. 전통과학 퀴즈를 풀며 암호를 찾는다.
 1) 주어진 시간 안에 지역별 전통과학에 관한 퀴즈를 풀어본다.
 2) 성공하면 암호를 풀기 위한 힌트를 획득한다.
 3) 힌트를 듣고 숨겨진 암호를 찾는다.

4. 팔도 전통과학 활동지를 완성한다.

1) 활동지의 지도 위에 발명품 스티커를 붙인다.

2) 각 발명품의 이름을 적는다.

5. 정리 및 평가를 한다.

- 오늘 활동 중 새롭게 알게 된 전통과학 발명품이 있나요?
- 각 지역의 특성이 있는 발명품은 지역의 생활과 어떤 연관이 있나요?

수업메모

- 전통과학에 대한 주요 내용을 중심으로 이야기를 요약해서 들려준다.
- 학년에 따라 퀴즈 문제의 난이도를 조절한다.

초등 책 32

『김수한무 거북이와 두루미 삼천갑자 동방삭』

소중애 글, 이승현 그림, 비룡소, 2013

활동명 친구 이름 익히기

활동 대상 초등 중

활동 시간 80분(2차시)

활동 목표

- 게임을 통해 친구의 이름을 익힐 수 있다.
- 이름의 음절로 짧은 글짓기를 할 수 있다.

활동 자료

그림책, 활동지, 필기도구

활동 방법

1. 상황극을 통해 이름의 필요성을 생각해 본다.

(전화를 걸어 특정 사람을 찾는 과정에서, '머리가 길고, 키가 크고, 몸은 호리호리하고' 등 생김새를 설명한다.)

2. 그림책을 감상한다.

1) 표지의 그림을 탐색한다.

2) 주인공의 표정과 상황을 반영하여 그림책을 읽는다.

- 그림책 속 인물은 어떤 기분일까요?

3) 운율을 살려 반복되는 구절을 동작과 함께 읽는다.

3. '빨강 공' 게임을 한다.

1) 이름을 달고 원형으로 선다.

2) 게임 방법을 설명한다.

- 여기 상상의 빨간 공이 있어요. 먼저 자기 이름을 부르고 받을 친구 이름을 부르는데, 그 앞에 '빨간 공'이라고 붙이는 거예요. "빨간 공 ○○ (자기 이름), 빨간 공 □□ (받을 친구 이름)" 하면 □□가 그 공을 받는 거지요. 그다음에는 다시 □□이 △△에게 "빨간 공 □□, 빨간 공 △△!" 하는 거예요.

4. 이름으로 삼행시를 지어본다.

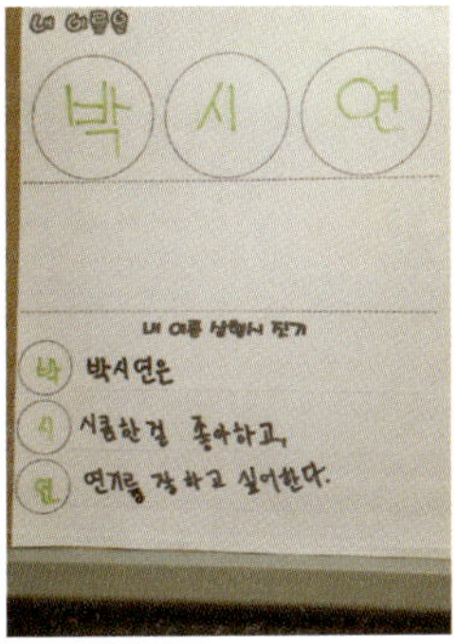

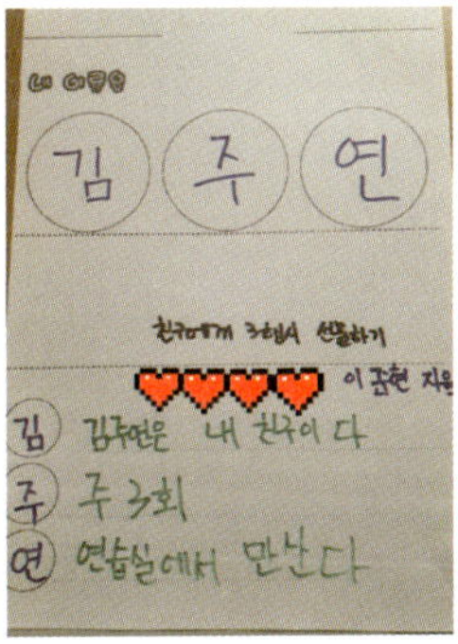

5. 정리 및 평가를 한다.

- 내 이름과 친구의 이름을 부르면서 공을 던질 때 기분이 어땠나요?
- 이름으로 짧은 글짓기를 할 때 어려운 점은 없었나요?

확장 활동 1 내 이름에 담긴 의미 알아보기

- 자신의 이름에 어떤 뜻이 있는지 알아보고 와서 발표한다.

수업메모

- 친구의 이름으로 삼행시를 지어 선물하기로 확장할 수 있다.
- 저학년의 경우는 40분 활동으로, '빨간 공' 게임까지만 진행해도 좋다.

초등 책 33

『나쁜 어린이 표』

황선미 글, 이형진 그림, 이마주, 2017

활동명 건우를 변호하라!

활동 대상 초등 중 **활동 시간** 80분(2차시)

활동 목표
- 친구의 입장을 듣고, 나의 의견을 말할 수 있다.
- 나와 친구의 장점을 찾아, 칭찬하는 활동을 할 수 있다.

활동 자료

낱장 동화, 건우 변호판, 접착 메모지, 교실 규칙판, 띠지, 칭찬 스티커, 필기도구, 사인펜, 풀

활동 방법

1. 상황극을 통해 '나쁜 어린이 표'를 받을 때 기분을 느껴본다.
- (움직이는 아동에게 다가가며) 선생님을 보지 않고 움직이네요. 움직였으니까 (스티커를 주며) 나쁜 어린이 표 한 장!
- 나쁜 어린이 표를 받았을 때 기분이 어땠나요?

2. 이야기를 감상한다.
1) 각색된 동화를 감상한다.
2) 동화의 전반부까지 감상하고, 이야기를 나눈다.
- 건우는 어떤 아이인 것 같나요?
- 건우가 학교에 가기 싫은 이유는 무엇인가요?

3. 건우를 변호한다.
1) 담임선생님께 건우가 어떤 아이인지 알려주는 글을 접착 메모지에 쓴다.

2) 억울해하는 건우를 위하여 변호하는 내용을 발표한다.

3) 변호한 내용이 적힌 메모지를 도화지에 붙이고 게시한다.

4. 뒷이야기를 감상한다.

1) 동화책의 후반부를 감상한다.

2) 동화를 회상하며 이야기를 나눈다.

- 건우 선생님이 "건우 덕분에 애들을 가르치기가 더 힘들겠구나."라고 말씀하셨는데 무슨 뜻인 것 같아요?

5. 교실 규칙을 만든다.

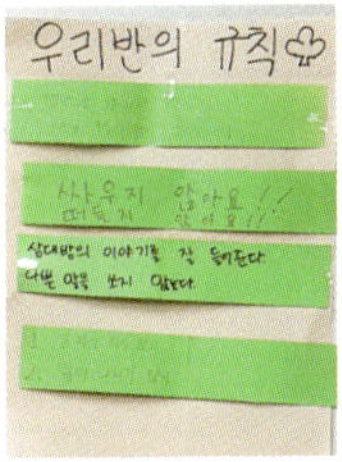

1) 띠지에 각자 규칙을 적는다.

- 띠지에 교실에서 지켜야 할 규칙을 한 가지 적어보세요.

2) 도화지에 규칙을 적은 띠지를 붙인다.

3) 교실에 게시하고 발표한다.

6. '칭찬합니다' 릴레이를 한다.

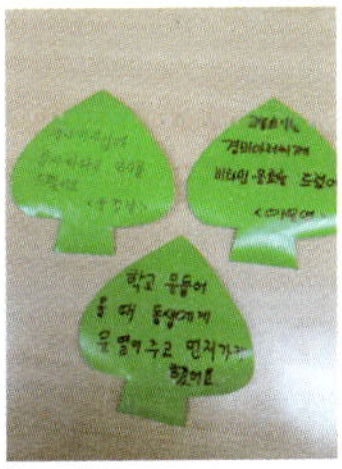

1) 칭찬 스티커에 본인이 칭찬받을 행동을 한 가지 적는다.

2) 칭찬 스티커를 가슴에 붙인다.

3) 음률에 맞추어 '칭찬합니다' 노래를 부른 후 칭찬 스티커에 쓴 내용을 큰소리로 말한다.

- (다 함께) ♬ 칭찬합니다 칭찬합니다~
  (아동) 나는 지하철에서 할머니께 자리를 양보했어.

4) 칭찬 스티커에 적은 내용을 모든 아동이 말할 때까지 반복한다.

7. 정리 및 평가를 한다.

- 건우를 변호해 줄 때 어떤 기분이 들었나요?
- 선생님과 친구들에게 칭찬을 받았을 때 기분이 어땠나요?

수업메모

- 건우가 아파서 결석하고 싶어 하는 부분을 기준으로 전반부와 후반부로 나누어 2차시에 걸쳐 수업을 진행한다.

초등 책 34

『해님달님』

보자기 동화(전래동화)

활동명 변신! 보자기

활동 대상 초등 중 **활동 시간** 40분

활동 목표

- 이야기를 듣고 소도구를 활용하여 떠오른 느낌과 생각을 다양하게 표현할 수 있다.
- 친구들과 협동하여 이야기 속 장면을 구성하여 동작으로 표현할 수 있다.

활동 자료

보자기

활동 방법

1. 보자기의 일반적인 쓰임새를 알아본다.
 - 보자기는 주로 어떨 때 사용하는 물건인가요?

2. 보자기 동화를 감상한다.
(옛날 깊은 산골 오두막집에 홀어머니와 오누이가 살고 있었어요. … 지금도 우리를 환히 비춰주고 있대요.)

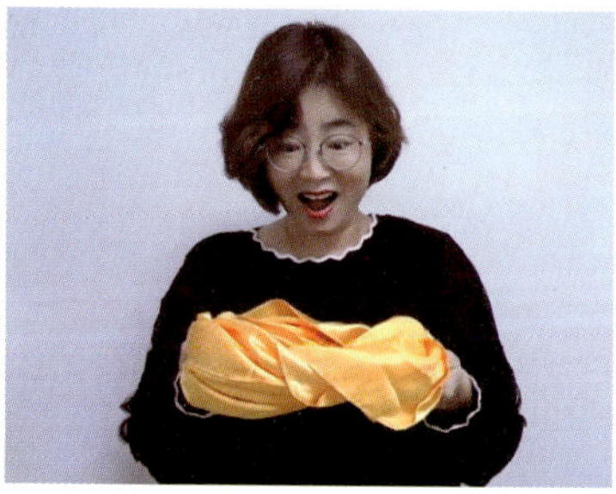

3. 보자기로 다양한 표상을 해 본다.

4. 팀별로 보자기를 활용해 잘 알려진 이야기 속의 한 장면을 표상해 본다.

(예 '빨강부채 파랑부채')

- 이야기 속의 인물이나 물건이 되어 움직이다가 선생님이 '얼음'하면 멈추는 거예요.

5. 정리 및 평가를 한다.

- 가장 기억에 남는 보자기 변신은 무엇인가요?
- 이야기의 한 장면을 친구들과 동작으로 표현할 때 어려운 점이 있었나요?

수업메모

- 보자기 동화에서 사용된 교육연극 관련요소는 '물체변형놀이'와 '얼음조각상' (tableau, still image, frozen picture)이다. 보자기가 여러 가지로 변신하는 과정은 상상을 통한 변형을 보여주며, 이야기 속 장면 만들기에서 사용된 '얼음조각상'은 교육연극 현장에서 자주 사용되는 관습인데, 학생들에게 어떤 주제나 작품을 제시하고, 모둠이나 개인이 상황을 선택하여 구체적이거나 추상적인 이미지를 한순간의 조각상으로 표현하게 한다. 사진처럼 구체적인 장면으로 표현하되, 감정의 상태, 개념까지도 나타낼 수 있도록 안내한다. 정지된 동작으로 내용을 표현하는 활동은 대사를 주고받는 연극보다 아이들이 덜 부담스러워하면서도 장면을 선정하는 과정에서 주제와 등장인물의 심리를 자연스럽게 파악할 수 있다는 장점이 있다(경기도 성남교육지원청, 2016).

국내문헌

교육부(2020). 제2차 인성교육 종합계획(2021~2025).

교육부(2021.11.24.). 2022 개정 교육과정 총론 주요사항(시안).

경기도 성남교육지원청(2016). 수업, 연극으로 피어나다(2016 성남형교육 교육연극 지원사업).

국립어린이청소년도서관(2009). 어린이도서관 사서를 위한 스토리텔링운영매뉴얼.

국립어린이청소년도서관(2011). 어린이도서관 사서를 위한 스토리텔링운영매뉴얼2.

권동택 · 이주영 · 장진희 · 정지선(2014). 초등교육론. 파주: 양서원

김영심(2016). 〈표준 한국어〉 교재의 학습 목표 진술 방식 분석. 국어교육연구.37, 65-93.

박소연(2008). 초등학생의 발달 특성을 고려한 정보교과서 내용 구성 방안. 한국교원대학교 대학원 석사학위청구논문.

박찬옥 · 김낙홍 · 구수연 · 이옥임 · 노희연 · 이선영 · 이예숙(2015). 보육과정. 파주: 정민사.

박찬옥 · 정남미 · 곽현주(2008). 놀이지도. 파주: 정민사

윤순종(2008). 초등학교 1, 2학년 아동의 인지발달 수준과 교육과정과의 연계성 분석. 한국교원대학교 교육대학원 석사학위청구논문.

이대식 · 여태철 · 공윤정 · 김혜숙 · 송재홍 · 임진영 · 황매향(2010). 아동발달과 교육심리의 이해. 서울: 학지사.

이송은(2009). 어린이담당 사서를 위한 스토리텔링운영 매뉴얼개발. 어린이문학교육연구, 10(2), 149-175.

이송은(2012). 스토리텔링과 책놀이. 서울: 창지사.

이송은(2013). 유아문학의 이론과 실제. 서울: 창지사.

이송은 · 김윤경 · 전진영 · 권옥 · 한선예 · 최형임 · 이춘희 · 한주미(2017). 스토리텔링과 책놀이 2. 서울: 창지사.

이송은 · 신일순 · 김미라 · 안혜련(2017). 누구나 할 수 있는 이야기 들려주기. 서울: 창지사.

이송은 · 전진영 · 김윤경(2016). 세 연구자들의 스토리텔링 탐험기: 그림책으로 아이들과 소통하는 할머니 · 할아버지 세워가기. 교육인류학연구, 19(3), 67-119.

이숙재(2014). 영유아 놀이의 이론과 실제. 서울: 창지사.

정옥분(2018). 아동발달의 이해(제3판). 서울: 학지사.

한국정신문화연구원(1991). 한국민족문화대백과사전 제5권.

외국문헌

Galda, L. & Cullinan, B. E. (2002). *Literature and the Child (5th ed.)*. Belmont: Wadsworth.

Ko, S. J. & Lee, S. E. (2013). The effects of picture-books shared reading training for immigrant mothers of young children: An exploratory study. *Asia-Pacific Journal of Research in Early Childhood Education, 7*(2), 29-46.

Rice, F., P. & Dolgin, K., G.(2009). *The Adolescent : Development, Relationships, and Culture(12th ed.)*. 정영숙, 신민섭, 이승연 역. 청소년심리학(제12판). 서울: 시그마프레스.

Rosenblatt, L. M. (1978). *The reader, the text, the poem: The transactional theory of the literacy work*. Carbondale: Southern Illinois University Press.

Scott, C. (1999). Dual audience in picturebooks. In S. L Beckett (Ed.). *Transcending boundaries: Writing for a dual audience of children and adults*, 99-110. New York and London: Garland.

Townsend, J. R.(1995). *Written for children*. 강무홍 역(1996). 어린이책의 역사. 서울: 시공사.

Trawick-Smith, Jeffrey (1994). *Interaction in classroom*. N.Y.: McMillan College Press.

참고기사

머니투데이(2014.07.25.). 무식한 대한민국… "진지 빨지 말고 책 치워라".

관련 홈페이지

국가법령정보센터 https://www.law.go.kr/

집필 및 연구위원

이송은 스토리텔러, 책놀이 전문강사, 동화작가, 동화가있는집 연구소 소장(현)

중앙대학교대학원 유아교육과 박사과정 졸업(문학박사)
부천대학교 유아교육과 겸임교수, 경인교육대학교 강사, 국립어린이청소년도서관 강사
한국사이버평생교육원 '아동문학' 제작 교수(현), 중앙사이버평생교육원 '언어지도' 제작 교수(현)
중앙사이버평생교육원(알짜닷컴) 민간자격증과정-'책놀이지도사'/'노인인지활동책놀이지도사' 강사(현)
(사)한국책놀이지도사협회 회장(현)

저서

『스토리텔링과 책놀이』, 『유아문학교육의 이론과 실제』
『누구나 할 수 있는 이야기들려주기』(공저)
『스토리텔링과 책놀이 2』(공저), 『노인 여가프로그램 개발』(공저)
『50+세대에 의한 인지활동형 어르신 책놀이 프로그램 개발과 적용』(공저) 외

논문

「통합적인 동시짓기 활동이 유아의 동시 짓기와 감상 및 교사의 동시 인식에 미치는 영향」
(중앙대학교 석사학위청구논문, 2001)

「2세 영아의 책에 대한 의미탐색」(중앙대학교 박사학위 청구논문, 2006)

「다문화가정의 문화이해를 위한 문학 활동 실행연구: 필리핀 모-자를 대상으로」
(어린이문학교육연구, 8권 2호, 2007)

「어린이 담당 사서를 위한 스토리텔링 운영 매뉴얼 개발」(어린이문학교육연구 10권 2호, 2009)

「세 연구자들의 스토리텔링 탐험기: 그림책으로 아이들과 소통하는 할머니·할아버지 세워가기(공저)
(교육인류학연구, 19권 3호, 2016)

「비대면실시간 노인인지활동책놀이 프로그램이 인지기능과 우울감에 미치는 영향: 주야간보호시설이용 노인을 중심으로(공저)」(한국노년학, 42권 1호, 2022) 외

그림책

『통통 무슨 통』, 『맛있는 동그라미』, 『털보아저씨의 행복 우산』, 『하다 하다 하다』, 『빠작이의 변신』,
『배달 대소동』, 『세모야 어디 가니?』, 『몽글몽글 따끔따끔』, 『봉구야, 목욕하자』 외

이춘희 책놀이 전문강사, 스토리텔러, 동화가있는집 연구소 연구원(현)

경기대학교 대학원 유아교육학과 석사과정 수료
경기도 광주하남교육지원청 초등책놀이지도사 자격증과정 강사
수원시 신영초등학교 초등책놀이지도사 자격증과정 강사
수원시 서수원도서관, 한림도서관 책놀이지도사 자격증과정 강사
수원시 명당초등학교, 안화초등학교, 매현초등학교, 창룡초등학교 책놀이 강사
경기도립 중앙도서관, 성남도서관, 경기평생교육학습관 책놀이 강사
충남 해미도서관, 충남 태안도서관, 이천시 청미도서관, 의왕시 내손도서관 스토리텔러 자격증과정 강사
수원시 영통도서관, 버드내도서관, 태장마루도서관 독서프로그램 강사(현)
화성시 동탄복합문화센터도서관, 남양도서관, 왕배푸른숲도서관 책놀이 강사(현)
인천시 서구도서관 독서프로그램 강사(현)
의왕시 중앙도서관 책놀이 강사(현)
(사)한국책놀이지도사협회 수원경기2지회장(현)

저서
『스토리텔링과 책놀이 2』(공저)

이하나 책놀이 전문강사, 스토리텔러, 동화가있는집 연구소 연구원(현)

인천시 유아교육 진흥원 학부모동아리 멘토 강사
인천시 진로 교육 센터 학교 밖 청소년 진로코칭 강사
인천시 남동구립 서창도서관 책놀이 강사(현)
인천시 교육청 계양도서관 책놀이지도사 자격증과정 강사(현)
인천시 교육청 마을 학교 연계 마을교육 공동체 강사(현)
인천시 미추홀구 교육혁신지구 온마을학교 강사(현)
인천시 남동구 교육혁신지구 남동마을학교 강사(현)
(사) 한국책놀이지도사협회 강사(현)

김진현 책놀이 전문강사, 스토리텔러, 동화가있는집 연구소 연구원(현)

경기도 광주하남교육지원청 초등책놀이지도사 자격증과정 강사
인천시 교육청 연수도서관 책놀이지도사 자격증과정 강사
인천시 교육청 평생학습관 노인인지활동책놀이지도사 자격증과정 강사
수원시 북수원도서관, 매여울도서관, 화서다산도서관 독서프로그램 강사(현)
화성시 진안도서관, 봉담도서관, 태안도서관 독서프로그램 강사(현)
화성시 지역아동센터 및 돌봄센터 책놀이 강사(현)
의왕시 중앙도서관 책놀이 강사(현)
중앙사이버평생교육원(알짜닷컴) 민간자격증과정, '책놀이지도사' 강사(현)
(사) 한국책놀이지도사협회 강사(현)

이영주 책놀이 전문강사, 스토리텔러, 동화가있는집 연구소 연구원(현)

푸르메어린이도서관 책놀이강사(현)
서울시교육청 정독도서관, 서대문도서관. 용산도서관. 양천도서관, 강서도서관, 도봉도서관 책놀이 강사(현)
서울시 중부여성발전센터 강사(현)
서울시 50플러스 캠퍼스 책놀이지도사 양성과정 강사(현)
중앙사이버평생교육원(알짜닷컴) 민간자격증과정, '책놀이지도사' 강사(현)
책놀이강사협동조합 대표(현)
(사)한국책놀이지도사협회 이사/서울중앙지회장(현)

저서

『50+세대에 의한 인지활동형 어르신책놀이 프로그램 개발과 적용』(공저)

논문

「비대면실시간 노인인지활동책놀이 프로그램이 인지기능과 우울감에 미치는 영향: 주야간보호시설이용 노인을 중심으로」(공저)

■ 구성 : **이춘희**

▣ 자문 : **유효정**(현. 비룡초등학교 교사)

초등 아동을 위한 책놀이

초 판 1쇄 발행 2022년 3월 22일
초 판 2쇄 발행 2024년 1월 12일

지 은 이 | 동화가있는집
펴 낸 이 | 김기섭
편 집 인 | 이상희
펴 낸 곳 | 창지사 www.changjisa.com
08589 서울시 금천구 가산디지털 1로 83 파트너스타워 1차 9층
전화 (02)719-2211~3
팩스 (02)701-9386
등 록 | 1977년 4월 28일 · 제1-421호

ISBN 978-89-426-1528-5 (93370)

값 13,000원